舌尖上的義大利

Amanda Cho ——————————————— 美食　是療癒身心最好的方式

A TAVOLA NON S'INVECCHIA

推薦序

　　義大利美食的歷史訴說著義大利人容納與吸收所有民族傳統與影響力的非凡能力。幾個世紀以來，這些民族都留下了自己的印記在這座地中海中部的半島上，不僅是藝術和文化方面的，還有關於美食的。羅馬人、希臘人、阿拉伯人都只是造就這長達好幾世紀的飲食傳統的一部分民族。

　　從基本食材開始對世界的開放是義大利飲食經驗的特徵。這一過程至今仍持續進行，不斷追尋傳統與創新之間的平衡。

　　或許也正是因為這個原因，除了因為多元風味和因為重視產品品質之外，義大利美食征服了全球數以百萬計人們的心。

　　即使在台灣，義大利美食也越來越受歡迎和喜愛。Amanda Cho 多年來關注義大利並充滿熱情地向臺灣大眾介紹義大利，這次她的新書《舌尖上的義大利》 L'Italia sulla lingua 中她描述了風情萬種的義大利美食，與其將創造力、想像力、實用性和經濟性相結合的能力。

　　在 Amanda 的義大利美食之旅中，她帶我們前往構成義大利的各個地區，每個地區皆有自己強烈的特色與歷史並共同定義了義大利的身份。

　　在佩萊格里諾 · 阿圖西 Pellegrino Artusi 誕辰兩百週年之際，這位偉大的美食家在這第一本義大利現代料理食譜書《廚房科學與美食的藝術》中收集了數百種地方食譜，我特別樂意向 Amanda Cho 撰寫的新書致意，相信它肯定會有助於台灣認識義大利美食並得到進一步的成功。

紀大為 代表
義大利經濟貿易文化推廣辦事處

La storia della cucina italiana racconta la straordinaria capacità degli italiani di accogliere e elaborare tradizioni e influenze di tutti i popoli che, nel corso dei secoli, hanno lasciato il loro segno, non solo artistico e culturale ma anche gastronomico nella penisola al centro del Mar Mediterraneo. Romani, greci, arabi sono solo alcuni dei popoli che hanno contribuito a creare una tradizione culinaria che dura ormai da secoli.

L'apertura verso il mondo, a cominciare anche dagli ingredienti di base, caratterizza dunque l'esperienza culinaria italiana. Si tratta di un processo che continua ancora oggi in una costante ricerca di un punto di equilibrio tra tradizione e innovazione.

È forse per questo, oltre che per la varietà di sapori e per l'enfasi sulla qualità dei prodotti, che la cucina italiana delizia i palati di milioni di persone nel mondo.

Anche a Taiwan la cucina italiana riscuote crescente successo e apprezzamento. Amanda Cho, che da anni frequenta l'Italia e la racconta con passione e competenza al pubblico taiwanese, in questo suo nuovo libro "L'Italia sulla lingua", descrive le mille curiosità della cucina italiana, la sua capacità di coniugare creatività, fantasia, praticità ed economicità.

Nel suo viaggio nella cucina italiana Amanda Cho ci conduce nei territori regionali che compongono l'Italia, ciascuno forte di un suo carattere e di una storia riconoscibile che concorrono a definire l'identità italiana.

Nel bicentenario della nascita nel 1820 di Pellegrino Artusi, il grande gastronomo che raccolse centinaia di ricette regionali nel primo testo di riferimento di una moderna cucina nazionale italiana, "La Scienza in cucina e l'arte di mangiar bene", mi fa particolare piacere salutare questo nuovo testo di Amanda Cho, certo che contribuirà alla conoscenza e all'ulteriore successo a Taiwan della cucina italiana.

Davide Giglio
Capo dell'Ufficio Italiano di promozione Economica,
Commerciale e Culturale
Taipei

推薦序 —— 什麼是義大利菜？

　　許多朋友要去義大利遊玩前，或多或少會這樣問我，然而這個大哉問，委實不好答。嚴格說來，義大利菜是外行人才會談的字詞，因為範圍太大了，內行的會直接問要去旅行的地區，譬如托斯卡尼 Toscana 菜、西西里 Sicilia 菜等地區菜。再進一步，會探討旅行的主要省分或都市，譬如佛羅倫斯 Fiorenza 菜和西恩納 Siena 菜？拿坡里 Napoli 菜和羅馬 Roma 菜？

　　義大利有二十個行政區，每個區域又分為數個省份和都市，原則上菜系各有特色，畢竟現今的義大利是 1861 年之後建立的國家，在此之前，有著起起落落的族群分合歷史，甚至追溯到羅馬時期。因此現今的行政區內，不同的城市間，在數百前可能是敵對關係，也可能是不同族群組成，導致菜系涇渭分明，每個地區的人對自鄉飲食都頗自豪，這是當地對生活的共識。換句話說，在義大利這個國家，傳統菜色代表的不僅僅是美味，還是族群與文化傳承的一部分。

　　於是乎，該如何點菜，攸關著享受的態度。

　　假使你只求填飽肚子，那在義大利很難餓到，畢竟餐飲店太多了。若是僅追求美味，那有米其林指南 Le Guide Michelin 、紅蝦指南 Gambero Rosso 等各式觀光指南，都透過評鑑給了實質建議。然而只是，食物除了美味滋韻外，還被賦予了更多意涵，想要了解這些精采背景，那就買這本《舌尖上的義大利》吧。

　　這本書自義大利北方談到南部，零零總總收錄許多觀光景點的飲食趣聞，有餐廳介紹、購買食物的導讀、知名食材的簡介和道地菜餚的剖

析。關鍵在於資訊不屬於教科書式的條列介紹，而是作者 Amanda Cho 自己的親身體驗，讀著文字，便好像跟著走了一遍，美麗與美味流暢於心。

至於，知道這些飲食趣聞和小故事，對於到義大利旅行有何好處？就我的經驗，影響可大了，尤其是想點菜時，先與外場服務人員或主廚稍稍聊天，提到你對菜餚代表的認知，你的餐點可能會有驚喜。

畢竟，那代表你在乎在地人的生活，換個角度看，也就是尊重他們的文化。對於尊重他們文化的外來者，義大利人向來熱情又大方，這是我的親身體驗。

因為所以，與其問去義大利該怎樣吃？不如購買這本《舌尖上的義大利》！

徐仲

食材達人、營養師

台灣第一位取得義大利慢食大學碩士學位者

導讀

淺嚐大地

　　在義大利，吃是一種生活享受，也是一種技藝或藝術，一個世代傳承到下一個世代，綿延不絕，但亦屢經轉變和更替。無論是大食或小吃，我都帶著無比崇敬的心情來看待。因為我知道，在這個將吃視為神聖藝術的國度裡，每回張嘴品嚐食物，我咀嚼的是文化，是歷史，是觸動味蕾的藝術。

　　在這個食物藝術源遠流長的國家，早在二千多年前的古羅馬時期，人們已經開始用小麥來製作麵包，食用麵包時會搭配葡萄酒，或蘸抹蜂蜜、橄欖油或是奶酪一起吃；一般階層或中上階層的人，也會食用雞蛋、豬肉、牛奶和水果；至於貴族階層，他們看待吃，那更是無比神聖的事，絕非僅止於為了填飽肚子而已，他們認為狼吞虎嚥的吃相與貪食的舉動，是低等人的行為，洩露了此人沒有內涵及藝術素養。在當時．晚餐會從下午 2 點開始，一直進行至深夜。

　　舉辦晚宴的房間也稱為躺臥餐廳（拉丁語：triclinium；義大利語：Triclinio），參加宴會者或坐或躺在專門的躺椅上，每三張躺椅以ㄇ字形圍繞一張桌子，中間留空以便於僕人收拾與上菜。在那個刀叉餐具還沒盛行的時代，手指頭是最好的進食工具，因為一旁服侍的僕人已經將食物切成一口口大小的分量，好讓老少主子們方便抓取食物。然

而，即便是用手指進食，還是可以看出用餐者的階級：一般平民大都五指齊下，粗疏隨意，就算是吃麵也是如此；貴族則是用拇指、食指和中指三個指頭拿起食物，優雅地放進嘴裡吃，而小指頭則是蘸鹽巴時才使用。

餐廳往往布置得富麗堂皇、豪華氣派，當賓客陸續入座時，女僕們會端出裝滿水的壺器倒入銀盆中，供賓客洗手，講究一點的貴族甚至還會讓女僕在宴會前幫賓客淨身與更衣。

說說看你都吃什麼食物，我便能試著說說你是什麼樣的人。
——布里亞－薩瓦蘭 Jean Anthelme Brillat-Savarin
《美味的饗宴》 *Physiologie du Goût*

布里亞－薩瓦蘭告訴我們，食物可以透露許多祕密，誠然！以食物區分貴賤的傳統，在中古歐洲十分常見。富有的羅馬人也會以罕見的珍饌來炫耀自己的財富，各式各樣名貴的食材從各地運送而來，只為了告訴賓客們：我們只吃和自己身分相匹配的食物。長頸鹿、駱駝、鵪鶉蛋、小羔羊、鹿肉，甚至是鸚鵡或是孔雀的舌頭等奇珍野味，或是海鮮，尤其是鯛魚。在當時，這些都是貴族們偏好的高檔食材，他們細細地品味、舒心地享受眼前盤中的視覺與味覺之美，同時或餐後往往還會安排樂曲演奏、詩歌朗誦及舞蹈等餘興節目。對他們而言，這不僅僅是一頓晚餐，更是與親友或貴客們共同度過的美好時光。

　　然而，以現代人的觀點視之，即便古羅馬人將吃看得如此重要，他們還是有個非常糟糕的壞習慣：用餐過程中，菜葉、肉骨頭、蝦殼、貝殼等殘渣碎屑都會被隨意丟在地上；用完餐後，吃剩的料理也一樣被直接丟在地板上！對古羅馬人來說，天花板有如蒼天，地板則是地府的象徵，將食物丟在地板上，意味著與逝去的親友共同享用美食。

　　中世紀幾百年歲月裡，因為各地戰爭不斷，饑荒、瘟疫、黑死病等災殃肆虐整個義大利半島，一般人窮苦匱乏，有一餐沒一餐，或是只能以麵包、豆子、野菜果腹；然而，貴族或是騎士們普遍認為．肉富含大量的油質．可以補充體力．給予力量．抵抗疾病。所以在當時，無論是身著盔甲的騎士，或是優雅浪漫的公主、搔首弄姿的貴婦，以及權傾一時的掌權者，他們身處壯觀宏偉的城堡裡，人人恣意地在宴席上大口吃肉、大口喝酒，盡情享樂。彷彿對生活的不確定、對動亂的憂慮、對疾病的恐慌，唯有在酒足飯飽之後，才能確定自己當下是真實地活著；因為沒有人可以預知，明天和無常哪一個會先來，也許眼前的這一餐，就是最後的晚餐了……

　　什麼東西是值得依靠的？是了，這世上不可能有那種東西，如果真的有，也只會是這一瞬間的「飽足感」，食物扎扎實實存在於自己體內的感覺，沒有什麼比這更可靠了吧？　富翁的財產和學者的知識，都無法像這樣確實地以沉甸甸的重量回應身體，為自己所擁有。疑心病再重的人，也不可能懷疑自己吃下的食物存在於胃袋之中的

事實。

　　——谷崎潤一郎〈鮫人〉

　　1918 年的秋末至冬初，日本近代小說家谷崎潤一郎完成了他的中國精神尋根之旅，回國後寫就〈鮫人〉一文，道出了吃飽了，很踏實的真理。而在文藝復興時期，貴族們對吃就更講究了，如果你以為文藝復興的藝術只單純表現在建築、音樂、文學、繪畫上，那可就錯了。這些雄霸一方的領主或是貴族們對吃往往十分講究，這從藝術史學家喬爾喬・瓦薩里 Giorgio Vasari 的著作《從契馬布埃至當代最優秀的義大利建築師、畫家、雕刻家的生平》或稱《藝苑名人傳》即可略知一二。該書提及一個由若干藝術家組成的燉鍋會，成員包括波堤切利、達文西、米開朗基羅等人，他們每個月聚餐一次，與會者必須帶上自己的作品，當然這裡指的是用藝術發想創作的一道道美食，與其他成員分享。

　　在文藝復興時期，歐洲的王公貴族們舉辦盛大宴會時，也會委託當時的著名藝術家來設計，從會場布置，將藝術作品與音樂演奏融入宴席裡，到精緻的佳餚，還有現場的燭光與花飾、布簾等，如何完成所謂的色香味俱全的豪華饗宴，在在考驗著藝術家對美的展現與組織能力。由此可見，對這些上流階層而言，料理也是一種藝術，一點不輸給詩歌、繪畫和音樂。

　　時至今日，在義大利這個歷史悠久的國家，吃依然舉足輕重，它

不單單是生活的一部分，更是美學的展現。當我們看著眼前餐盤中的刀叉，好似看見古典藝術中的畫筆肆意揮灑。當我們的舌頭品嚐著料理，一口口將食物送進肚子裡，飽足的不只是身體，也撫慰了我們的身心靈。

義大利古諺云：在桌上你不會老。A tavola non s'invecchia. 意思是只要待在餐桌旁，年華即不會逝去。這句老話，正好說明義大利人多麼熱愛美食。

然而對你而言，什麼是義大利料理？是否只要加了洋蔥、番茄、香料、火腿及乳酪，或是淋上橄欖油和巴薩米可（Balsamico，意即香醋）的菜餚，就都稱作義大利料理呢？如果你問義大利人這個問題，答案可能會因人因地而異。

好比你問威尼斯、羅馬、波隆那、佛羅倫斯、那不勒斯等城市的人，答案可能是墨魚汁麵疙瘩、佛羅倫斯牛肚包、肉醬義大利麵、米蘭燉飯、那不勒斯披薩（中文一般譯作拿坡里披薩，後文地名用那不勒斯，披薩用拿坡里披薩，不另說明）等不一而足。然而，答案雖然五花八門，卻樣樣令人饞涎欲滴。那麼，到底什麼是義大利料理呢？沒錯，上述菜餚皆是義大利料理，卻又無法完全概括義大利料理一詞的意涵。說來說去，似乎有點繞口。

回顧歷史，義大利王國在 1861 年成立，1870 年羅馬城被併入後正式宣告全國統一。在此之前，義大利都是處於城邦各自為政，或淪為他國屬地的局面。政治因素，加上地域地形、氣候等影響，各地烹

飪的風格、食材的選擇與料理的呈現也大不相同，料理多元，且千變萬化。有趣的是，各地區莫不以自己的料理自豪，而互相瞧不起對方的飲食文化。不信的話，你可以隨便找個住在時尚之都米蘭的人，問看看他是否認同披薩是義大利食物。相信大多數米蘭人的回答是：呃，那是南部土包子才吃的東西。

　　簡單來說，義大利料理就是義大利各區特色美食的大集合。或者換句話說，舉凡發源自義大利半島的菜餚，都可稱之為義大利料理。義大利美食教母瑪契拉・賀桑 Marcella Hazan 在《義大利美食精髓》*Essentials of Classic Italian Cooking* 的前言中寫道：

　　義大利美食沒有高低貴賤之分。所有的義大利美食都以家庭為依歸，都是家常菜。唯一稱得上是義大利美食的就是家常菜。

　　義大利料理源自家庭裡的廚房，媽媽的料理，當地人用大自然的恩賜，找出最完美的組合。這些美食一代代傳承下去，從古至今，令多少餐桌上的大人和小孩垂涎欲滴、食指大動！總之，這些千錘百鍊、歷久不衰的家常各色菜餚，就是深受人們喜愛的義大利料理。

　　這是一本講述看的藝術、喝的藝術與吃的藝術的書，一則又一則的故事、趣聞，一道又一道的傳統菜餚，地區食材、橄欖油、葡萄酒，拜訪當地有名或是極具特色的餐廳，向旅人們展現義大利美食的精髓與文化，讓你輕輕鬆鬆走進義大利人的餐廳。

輪轉的四季，十二個月份，八個大區，二十五個城市，從北至南，走吧，跟著 Amanda 的腳步，一同品味舌尖上的義大利……

第 一 章

威尼托 Veneto 大區
醉倒在浪漫的飄浮之都

威尼托是義大利東北部的一個行政區，位於阿爾卑斯山與亞得里亞海之間。然而，即使同屬這一區，靠海城市與內陸城市的飲食還是各不相同：瀕海城市如威尼斯，海產種類豐富，特色料理有銷魂的墨魚汁麵疙瘩、炸螃蟹、新鮮的角蝦等；內陸居民喜愛的主食則多為大米、豆子和玉米糕，還有那令人垂涎欲滴的白蘆筍，以及產自維洛納山區香氣十足的 Amarone 葡萄酒，和 Grappa 渣釀白蘭地等，都是動人心弦的好滋味。

一、威尼斯省 Venezia

1. 哈利酒吧 Harry's Bar：在哈利你可以找到世界上的一切！

> 在這些被水磨蝕過的古老而冰冷的石頭上，你仍然愛我嗎？
>
> 是的，我願意就地攤個鋪蓋捲，證實一下。
>
> 在威尼斯這麼冷、陽光這麼強烈的早晨，你還愛我嗎？
>
> 我愛你！
>
> ——海明威《過河入林》
>
> *Across the River and into the Trees*

1948 年，剛滿四十九歲的海明威，決定帶著他的第四任妻子瑪麗一同重返歐洲旅行。這是他在二戰後的首次歐洲之旅，距離他上一次在義大利的旅遊，已隔三十年之久。旅行結束後，海明威便將在威尼斯這段日子的經歷，寫進他的小說《過河入林》中。小說中的男女主角，理查・坎特威爾上校和其愛人蕾娜塔，二人相遇的場景，就設定在威尼斯的哈利酒吧。

假借書中主角之口，海明威說出了這句名言：

在哈利你可以找到世界上的一切！

　　1930 年代，還在歐羅巴＆不列顛尼亞飯店 Hotel Europa & Britannia 當調酒師的朱塞佩・奇普里亞尼 Giuseppe Cipriani ，遇見了一位從美國來的年輕男子哈利・皮克林 Harry Pickering 。哈利獨自來到飯店的酒吧，鬱鬱寡歡地一邊喝著悶酒，一邊和在吧台服務的朱塞佩開聊起來。後來，朱塞佩借給哈利一萬里拉返鄉。兩年後，這位經商成功的年輕人，回到威尼斯找到朱塞佩，除了還給他原借的一萬里拉外，另加上三萬里拉作為答謝。喜出望外的朱塞佩利用這筆錢，於1931 年開了一家以這位美國男子為名的酒吧：Harry's Bar ！

· 貝利尼 Bellini 桃子雞尾酒

　　當時，哈利酒吧不僅以精緻飲食和創新菜色吸引人，更有趣的是酒館還發明了全世界最有名的桃子雞尾酒：貝利尼 Bellini 。

　　在 1948 年左右，朱塞佩用維洛納 Verona 盛產的白桃打成漿，和

義大利有名的普羅賽柯 Prosucco 氣泡酒調製了一款雞尾酒，香氣迷人，當下決定要加入酒單中，卻猶豫不決該取什麼名字好。有天，博物館剛好舉辦 15 世紀威尼斯畫派畫家喬萬尼‧貝利尼 Giovanni Bellini 的作品。慕名前去參觀的朱塞佩驚訝地發現，在貝利尼的作品中，恰巧出現了與他的桃子酒極其相似的淺粉色調。這種顏色，被藝術家巧妙地運用在畫中聖人的長袍上，瑰麗的色澤顯得溫柔又慈祥。朱塞佩靈機一動，索性將桃子雞尾酒命名為 Bellini。

杯中淡淡的桃子香氣，和粉嫩的顏色，宛如少女般清甜，迷人得不可思議。果然，Bellini 桃子雞尾酒很快就風靡了整個威尼斯乃至全世界，就連已故的黛安娜王妃也對它情有獨鍾，後來也納入了國際調酒師協會 International Bartenders Association, IBA 的國際官方雞尾酒名單中。

‧ 生牛肉 Carpaccio

值得一提的是，哈利酒吧還創作了另外一道經典名菜：生牛肉 Carpaccio。話說 1950 年，朱塞佩接待了一位特別的客人：莫切妮果 Amalia Nani Mocenigo 伯爵夫人。這位夫人患有貧血症，家庭醫生建議她多食用生肉，於是向朱塞佩提出要求，希望用新鮮生肉製作一道料理。朱塞佩於是將新鮮的嫩牛里脊切成薄片，淋上檸檬汁、橄欖油和其他醬汁，一道開胃冷盤就這樣誕生了。結果，伯爵夫人對這道料

理讚譽有加，一時席間賓主盡歡。由於生牛肉片的色澤像極了當時正在威尼斯進行展覽的畫家維托雷‧卡帕齊奧 Vittorio Carpaccio 慣用的色料，所以就取名為 Carpaccio。現在在料理字典裡頭，Carpaccio 的意思，則是發展成配有調味汁的薄生牛肉片或魚片。

20 世紀，哈利酒吧乃威尼斯最著名的酒吧之一，常年吸引無數

政商名流前來用餐，作家海明威、演員卓別林、導演希區考克等，都曾是座上嘉賓。2001 年，義大利國家文化局將哈利酒吧列入國家地標；在同一世紀，義大利沒有任何其他公共場所曾獲此榮譽。到了 21 世紀，哈利酒吧依然是威尼斯遊客們的朝聖地，可謂盛名歷久不衰。

威尼斯有著金碧輝煌的鳳凰歌劇院，有著令拿破崙讚賞不已的聖馬可廣場，還有收藏著豐富古畫的威尼斯美術學院，以及那美得叫人嘆為觀止的亞得里亞海。在夜晚，貢多拉搖搖晃晃的小船上，紳士與淑女，在月光的照映下，此起彼落的嬉笑聲，伴隨著橋墩上熒熒的酒館燈火，消失在一彎彎的水道中。

日復一日，夜復一夜，遊客如織的威尼斯，充滿傳奇氛圍的哈利酒吧，美麗的故事繼續流傳著⋯⋯

2. 里奧托市場 Rialto Market：百年魚市場

你靠什麼留住時間？或者換句話問：你用什麼來回憶時間？有人靠照片，有人靠旅行，有人靠收藏紀念品、藝術品或是年份酒等。不論用的是什麼方法，每當人們看到、聽到、回想到那曾經的瞬間時，歲月彷彿重回眼前。對我而言，美食也是用來回憶時間的方法之一。

哪一年？哪一月？在哪個城市的餐廳裡吃到什麼？和什麼人一同品嚐？這些都是記憶的一部分。盤中的佳餚聯繫著同桌友人的情感，那是短暫而無比珍貴的時光。

　　威尼斯就坐落在鹹水湖淺灘中，擁有種類紛繁的生猛海鮮；至於海岸內陸的肥沃土地裡，則生產了各式各樣的蔬菜和水果。緊鄰威尼斯大運河 Canal Grande 畔的里奧托魚市有近六百年的歷史，是當地最重要的海鮮漁獲交易市場，也是義大利最大的市場之一。沿著大運河河畔散步，或是搭乘水上巴士，都能輕鬆抵達。魚市場緊鄰著果菜市場，這裡只有上午營業，不想錯過的旅人，那可不能賴床唷。來到魚市場，攤位前擺的都是店家每日嚴選的新鮮魚貨，諸如沙丁魚、烏賊、貽貝、角蝦等。由於造訪的遊客日益加增，許多土生土長的威尼斯人反而陸續遷居別處，日常光顧市場買魚的人愈來愈少，現在只剩下拍照不買魚的觀光遊客，昔日交易熱絡的繁華榮景已然不再。

　　每次來威尼斯度假，都是住宿飯店，無法自己開伙煮食。雖然如此，我還是會刻意安排一天早起，悠閒地逛逛市場，然後到附近的小店品嚐最新鮮的海鮮零食，再搭配義大利人稱為平民香檳的Prosecco。這樣的早午餐，可是最道地的幸福美食喔！

　　然而，如果你問我：島上哪一間餐點好吃？我必須說，威尼斯是個被觀光客寵壞了的城市，每天數以萬計的遊客造訪，慣老闆不怕沒人光顧，也就沒太多心思在烹調手藝和服務上精益求精了。如果你希望享受到的是一流服務、高檔美食，外加氣氛浪漫的燭光晚餐，那麼島上幾間米其林一星餐廳都是不錯的選擇 直至 2020 年的今天，威尼斯島上僅有數間米其林一星餐廳，二星或三星的依然闕如 。然而，如果你想體驗的是熱鬧的氣氛，輕鬆隨意地享用當地菜色，那麼很多的小酒館其實還不錯。只是有一點必須強調：畢竟威尼斯是個觀光城市，普遍物價比起一般義大利其他城市來要稍微貴一些。此外，你也可能遇到令人大失所望的狀況：餐點品質不一、擺盤隨興，那也請將就點吧。

· **炸海鮮、玉米糕**

我邁著熟悉的步伐，走進熟識的餐廳，點了餐，坐下來等著美食上桌。有幾道菜色是我每次造訪威尼斯必點的，著名的威尼斯墨魚麵就是其中一樣。你們可知道，在文藝復興時期，墨魚麵是窮人才吃的食物？那些傲嬌的貴族們之所以不願吃墨魚裡的墨囊，是因為吃完滿口黑牙！細想，那些講究門面的貴族怎能容許如此自我醜化？所以，窮人就樂得把被丟棄的墨囊加入義大利麵及燉飯裡頭，發明了一道道美食。實際上，墨囊富含大量營養元素，黑色的醬汁包裹住麵條，這來自大海的鮮美味道，在當時的窮人家裡可是搶手貨呢。

　　另外，還有炸海鮮佐玉米糕。在冰箱還沒有發明的年代，貴族們可以盡情享用剛從岸邊捕撈上來的各式海鮮，一般人家可就沒有那麼好口福。不過，平民們卻另有巧思：把海鮮醃製起來，或是裹粉油炸。醃製可以拉長保存期限，裹粉油炸則可以享受到那種將大海滋味包住，在嘴裡慢慢咀嚼回味的幸福感。

　　玉米糕 polenta 也是威尼托大區居民的主食之一。在 16 世紀玉米從美洲飄洋過海來到歐洲大陸以前，當時的 polenta 是用蕎麥做成的，後來威尼斯人發現玉米的美味之後，改用白玉米或黃玉米磨成粉來製作。單純的玉米糕沒有太多味道，在義大利常會用來搭配菜色，例如沙拉或是海鮮，以增加飽足感。

　　我正準備大快朵頤時，熟識的餐廳老闆看到久未造訪的我，開心地過來寒暄幾句。我們一年只見幾次面，但他總是一如老友般熱情地招呼我。是啊，這就是標準的義大利人！

　　老闆感嘆著說：「市場魚販的生意大不如前了。二十年前他們可說是日進斗金呢，小小的一個攤位動輒要價十至十五萬歐元，如今大約二萬歐元左右就可以頂下來了。也許你下回造訪的時候，魚市場就沒有囉……。」

　　從老闆的表情和語氣，可以感受到他有多麼感傷和失落。

　　飽餐一頓後的我，沿著河岸閒逛，時而鑽進小巷，時而走上橋墩，看著一艘艘華麗如藝術品的貢多拉，搭載著一批又一批的遊客，來來回回，徜徉於河面上。中國人有句話說：「天底下沒有不散的宴席。」

或許里奧托魚市場有一天也會走入歷史，消逝，沒落，凋零，但它帶給當地人們的美麗記憶，卻會永遠留存於心……

二、維洛納省 Verona

在義大利東北部的維洛納，這座因莎士比亞的作品《羅密歐與茱麗葉》遠近聞名的愛情之都，洋溢著淡淡浪漫粉紅色的古老小鎮，常常是我旅途中享受片刻悠閒的美麗居所。有別於米蘭、羅馬、佛羅倫斯和威尼斯的繁華，這裡既浪漫又雅致。維洛納古城每年固定於圓形競技場，舉辦戶外夏季音樂節，和春季最著名的葡萄酒展 Vinitaly。

1.Vinitaly 維洛納酒展：傾聽酒杯裡的聖樂

　　葡萄酒展時整個古城瀰漫著濃濃酒香，聚集來自義大利各個產區的酒莊，以及來自世界各地幾十萬的參觀者，將會場擠得水洩不通。專門採購的進口商、採訪的新聞工作者，還有恰巧躬逢盛會的觀光客，以及那來自各國嗜好杯中物的酒友，大家齊聚一堂，品嚐美酒與美食，交易或交流，推廣流傳久遠的瓶中文化。

　　走進會場，千百家展位讓人看得眼花撩亂，展位前熱情地賣力介紹的銷售人員叫你不得不駐足聆聽。在這裡，你可以盡情品嚐，想喝多少就喝多少。然而，大多數人都是輕啜一口後，讓酒液在口中來回流動，就像漱口那樣，感受一下酒在口腔中的美妙變化後，再將酒吐掉。就這樣，一杯接著一杯，一個展位逛過一個展位，幾個小時後，我不僅腳痠也微醺了。

　　在義大利，葡萄酒是生活的一部分，幾乎餐餐都會來上一杯。義大利人喝酒，講究的是品酒而非酗酒，少量地徐徐而進，有別於台灣人大口乾杯的拚酒文化。

　　我問過住在義大利的友人：你們餐餐都喝，白天喝，晚上也喝，怎麼好像都不擔心酒駕這件事呢？他笑著回答說：我住在義大利幾十年，還真的很少遇見過酒後肇事的人呢。因為大多數人都懂得自律，有多少酒量喝多少酒，很少人會貪杯。義大利人喝酒的目的不是為了喝醉，畢竟，在這個酒比水還便宜的國家，葡萄酒是日常生活的一部分，是聯繫情感的媒介。的確，餐桌上，飲食與酒，自古就密切不分。

　　酒，使每天的生活更加舒適，不那麼倉促，不那麼緊張，使心胸更加寬廣。

——班傑明．富蘭克林

三、維琴察省 Vicenza

1. 馬洛斯蒂卡 Marostica ：棋盤小鎮

　　維琴察市 Vicenza 轄區有個小鎮，名叫馬洛斯蒂卡，整座小鎮依山而建，由中世紀的城牆和古堡包圍著。進入小鎮，放眼望去，綠色的山城與紅色的古堡形成強烈對比，時光彷彿回到了中世紀。

　　小鎮在山上與山下各有一座古堡。我沿著不算崎嶇的山路往上走，登上古堡，可以眺望整座小城。小城中央有個紅白相間的大理石巨型棋盤狀廣場，就是因為此一廣場，讓這座小鎮有了棋盤之鎮的美名。

· 關於騎士與美女的傳奇故事

　　相傳在文藝復興時期，馬洛斯蒂卡小鎮領主有兩位美若天仙的女兒：大女兒萊歐娜 Lionora，小女兒奧迪雅 Oldrada。有一天，萊歐娜受邀出席宴會，在宴會上同時認識了兩位英姿颯爽、驍勇善戰的騎士。兩騎士都想得到萊歐娜的青睞，互不相讓之餘，最終決定通過生死決鬥一分勝負。

　　這件事情在城鎮間口耳相傳，後來傳到了領主耳裡。領主非常不贊同用如此血腥的方式來解決問題，也不想因為自己女兒的幸福而犧牲掉任何一位英勇騎士的生命。結果，他想出一個既智慧又仁厚的法子：讓兩位騎士改用西洋棋賽來一決勝負，勝利者可以娶得大女兒，落敗者便娶小女兒。如此一來，兩位女兒都可以擁有美好歸宿，而二位騎士也可以放下刀劍，不用為了愛情而見血。

　　此事一時間在整個城鎮傳得沸沸揚揚。領主為了確保比賽的公平公正，於是在廣場上命人畫上紅白相間的棋盤格，還讓真人當旗子，這樣一來，全鎮的百姓都可以清楚看到兩人的比賽過程及勝負。

　　其實，無論誰勝誰負，兩位騎士最終都可以抱得美人歸，皆大歡喜。就這樣，兩位騎士得以化敵為友，親上加親。總之，這都是因為領主的睿智和仁厚，才能有此美滿結局。當然，領主也因此一作為，更加受到百姓們的敬重。這兩段姻緣，最後成了鄉里間口耳相傳的佳話。

　　1954 年，馬洛斯蒂卡政府當局為了帶動小城的觀光與發展，邀請來義大利著名建築師米爾科‧韋切蒂奇萊 Mirko Vucetich 為小鎮做形象特色設計。於是，這個流傳幾百年的美麗故事就成了建築師的靈感來源。他還原了當時的場景：真人當旗子的西洋棋大賽！時至今日，這樣的盛況每兩年 偶數年 的 9 月 9 日至 11 日，夜夜都在這個棋盤廣

場上重現。只見偌大的廣場上，所有棋子，小兵小卒、主教和王后，還有其他角色，都是由真人身著文藝復興時期的服裝扮演，重現 16 世紀時當日的場景。旅人們可以想見，那該有多盛大多壯觀！

・**櫻桃季**

另外，這裡也是義大利著名的櫻桃產地，每年 5 月，馬洛斯蒂卡小鎮都會舉辦為期二週的櫻桃節來慶祝豐收。在市中心的市集裡，販售新鮮櫻桃及相關製品的攤位比比皆是。甜而不膩的櫻桃酒、果粒飽滿的櫻桃果醬、賣相可口的櫻桃糕點等，讓愛吃的我感到無比的歡樂與滿足。

2. 巴薩諾－德爾格拉帕 Bassano del Grappa ：義大利渣釀白蘭地的故鄉

・基勒索蒂廣場 Chilesotti Plaza 和老橋

巴薩諾－德爾格拉帕，以盛產陶瓷、白蘆筍及餐後酒 Grappa 聞名。下了火車，走出車站，正前方的基勒索蒂大道 Via Chilesotti 是進入古城的必經之路。眼前廣場的遠方有座紅磚砌成的戰爭紀念館 Tempio Ossario ，這裡安葬了六千多名於二戰時期喪生的士兵。廣場上還有座四十二米高，建於中世紀的鐘塔。我坐在廣場邊的露天雅座上點了杯咖啡，眺望旁邊 14 世紀的白色教堂。因為曾被威尼斯統治

過，所以教堂上的石柱還雕有代表威尼斯的獅子圖騰。

　　休息半刻後，往河邊方向走去，眼前的這座八百多年的木造橋是義大利最漂亮的古橋之一，和佛羅倫斯的老橋外觀極為相似。

　　有別於米蘭的時尚，這座山城小鎮充滿著人文氣息，秋天的巴薩諾給人一種難以形容的唯美，那懷古的木造老橋 Ponte Vecchio，曾經因為洪水和戰亂多次被摧毀，曾聘請義大利名建築師安德烈亞‧帕拉第奧 Andrea Palladio 於 1569 年設計重建。當時駐軍的山地兵團也出大力幫忙修復，為了感念那些頭戴插著黑色烏鴉羽毛的阿爾卑斯帽

Cappello Alpini 的士兵們，當地人提到老橋時總以 Alpini 來稱呼。這座刷了紅漆的木造老橋橫跨布倫塔 Bretna 河。在威尼斯共和國時期，這條河是通往威尼斯的重要水路通道。

傍晚時分，水面上處處可見河畔房子的倒影，河岸兩旁一片催楓轉紅的景致，枝幹上少見綠葉，幾乎滿樹黃橙橙的。呼吸著來自阿爾卑斯山脈的清新空氣，視線遠方聳立著格拉帕 Grappa 山，站在橋上望去，宛如明信片中的風景一般美麗。

走在鎮上，富有人文氣息的咖啡廳、麵包店、小餐館、陶藝館林立，店家巧思裝飾的每個轉角處，讓人驚聲連連。我愛這裡的氣氛，不像米蘭那麼擁擠，雖然沒有羅馬的輝煌，但巴薩諾自有其特色，清新，唯美……

· 巴薩諾白蘆筍 Asparago bianco di Bassano

巴薩諾不僅陶瓷有名，特別讓貪食的我愛不釋手的，就是白蘆筍了。說起白蘆筍，旅人們通常首先想起的國家會是法國。其實，在許多歐洲美食家眼裡，來自義大利巴薩諾的白蘆筍也十分令人著迷。巴薩諾白蘆筍特別之處，在於它鮮嫩得讓你幾乎感覺不到任何會塞牙的纖維，咀嚼時口腔裡滿是西洋梨般的香氣，清爽的甜味中帶有些微苦味。

產自巴薩諾的白蘆筍可是通過歐盟原產地名稱保護法 Denominazione d'Origine Protetta, DOP 認證的。這裡出產的白蘆筍早在古羅馬時代就已見諸文字，在中世紀之前主要是當作藥物的原料。

15 至 16 世紀時，在威尼斯共和國的皇家食譜上，也曾清楚記載白蘆
筍的料理方法與交易價格。此品種白蘆筍，因為產地擁有特別適合的

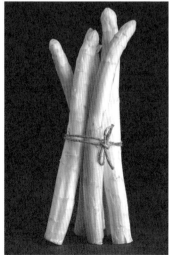

氣候，土壤也十分肥沃，土壤上層分布著大量鵝卵石和小石子，使得排水性非常良好，可以說是上帝恩典，得天獨厚也。

白蘆筍和綠蘆筍最大的差別在於陽光。蘆筍可以食用的部位是幼莖，它們會在春天時破土而出：出土前就進行採收的，稱爲白蘆筍；反之，出土之後才採收，幼莖部位見到陽光後就會轉爲綠色，也就是我們一般常吃的綠蘆筍了。

白蘆筍從種植到採收都被剝奪了接受陽光眷顧的機會，整個生長期都須罩上黑布遮光，看似有違大自然的生長法則，卻也因爲需要人工照料、細心呵護，因此價格比起綠蘆筍相對昂貴許多。

巴薩諾白蘆筍之所以能達到歐盟原產地名稱保護法 DOP 的規定，乃因它具備了以下特徵：

1 色白。

2 長度在十八至二十二釐米之間。

3 最小中心直徑爲十一毫米。

4 外觀不能有皺摺損傷，形狀筆直，白蘆筍的筍尖鱗片要緊密飽滿，質地要柔軟非木質纖維。

5 氣味要新鮮。

6 須採有機方式栽種，避免使用除草劑等化學物質。

採收後經過白蘆筍公會 Consorzio di Tutela dell'asparago bianco 的認證，並以每一公斤或一公斤半的重量，使用柳枝捆綁，並在枝條附上認證的標籤，才是得來不易的法定認證唷。

　　來到巴薩諾小鎮，走進任何一間小餐館，最經典也最簡單的白蘆筍吃法，就是蒸煮白蘆筍搭配水波蛋或炒蛋一起食用。白蘆筍的清爽鮮甜，加上蛋的滑嫩口感，這既樸實又自然的美味，真叫人口齒留香。義大利有些餐館會將白蘆筍佐以橄欖油、鹽，刨上起司片，做成生菜沙拉，或是搭配義大利麵一起享用。

　　有些喜愛白蘆筍的義大利人，在產季時不會圖方便在超市購買，反而會駕車到郊區的農場，直接向農夫購買清晨剛採摘的白蘆筍，他們說：白蘆筍和海鮮一樣，新鮮的最好吃！

‧ 格拉帕 Grappa ：渣釀白蘭地

　　享用完令人垂涎欲滴的白蘆筍後，在巴薩諾還有另外一樣不可錯過的特產，那就是 Grappa，中文通常翻譯作渣釀白蘭地。然而，此一中文翻譯，很容易讓人將之與法國白蘭地搞混，其實兩者完全不同唷。簡單來說，白蘭地是由葡萄酒蒸餾而得的烈酒，但這裡所提的 Grappa，則是將釀酒剩下的葡萄渣再次蒸餾而成的烈酒。巴薩諾－德爾格拉帕小鎮也是義大利渣釀白蘭地的發源地唷。

　　在中世紀，人們為了長途跋涉時方便攜帶，於是發展出了保存酒水的技巧。十字軍東征後，從東方帶回了更加成熟的蒸餾技術，而得以大量生產。在以前，特別是文藝復興時期，Grappa 在一般普通農家百姓特別盛行。當時，生活簡樸的農民辛苦種植葡萄，採收後釀酒留

下了大量的葡萄渣，他們不捨得浪費，於是將果渣再次利用，加以蒸餾，便成了 Grappa，其酒精含量通常介於 35% 至 60% 之間。

在義大利很多地區都產有 Grappa，甚至受到了產地保護，包括酒瓶上標識的 Grappa 字樣，也必須遵守規範：一是生產地必須在義大利境內，二是進行渣釀時所使用的葡萄渣也必須來自義大利。Grappa 的顏色通常為白色或是金黃色，其香氣也是自然花果香味，其細節取決於用的是哪一種葡萄的葡萄渣。一如葡萄品種對葡萄酒的味道有重要性影響，葡萄渣的品種對 Grappa 的味道及品質也有決定性影響。

在義大利各地方都有自己特色的開胃酒，如來自帕多瓦 Padova 的 Spritz，米蘭的 Negroni 或是卡普里島的檸檬利口酒，而這種酒精濃度高的 Grappa 酒，原本是為了讓辛勤耕作的農夫們消除一整天的疲勞和抵擋冬天的嚴寒，在食用完正餐後，來上一杯餐後酒，頓時暖上心頭。在當地，他們也將 Grappa 酒加入 Espresso 裡，稱作 Caffè correto 或是 Ammazzacaffe，有些家庭裡的冰箱，甚至也會冰上一瓶，飯後冰冰涼涼地喝，也是十分解膩還消脹氣。

巴薩諾鎮上幾乎每間餐館和禮品店都有 Grappa 販售，旅人們來到這裡可千萬別忘了品嚐一下這獨特的風味，或是當作伴手禮帶回去分享給親友。

第二章

皮埃蒙特 Piemonte 大區
饕客的廚房

被亞平寧山脈及阿爾卑斯山包圍的皮埃蒙特大區，是義大利很重要的農業區，稻米、玉米、小麥、葡萄和乳製品等年年盛產。皮埃蒙特大區曾是薩伏依王室的一部分，這裡多得是美麗的城堡和葡萄園梯田，有舉世聞名的白松露及酒中王者巴羅洛 Barolo，小鎮布拉Bra 是慢食文化追隨者的必訪之地，還有起司、巧克力、榛果等食品，享譽全球。

我最喜歡在秋天造訪這裡，為了歡慶豐收而輪番登場的節慶，由 11月的松露市集拉開序幕，熱鬧繽紛。你可以化身松露獵人，上山尋找有餐桌上的鑽石之稱的頂級食材。接著前進都靈，歡度甜蜜誘人的巧克力節，享受帕爾瑪 Parma 的起司與火腿帶來的絕妙口感。最後在酒中之王 barolo 香醇強烈的單寧中結尾。這區的食物豐富多元，重點是非常美味，儼然是全球老饕的朝聖之地。

一、科奈爾省 Cuneo

1. 布拉 Bra 慢食總部：慢一點靈魂才跟得上

人類必須要有智慧解放自己不受限於速度，因為速度會讓人類淪
為瀕臨絕種的動物。

——〈慢食宣言〉

· 慢食協會之緣起

1986 年，來自美國的速食業者麥當勞，準備在羅馬著名的景點西
班牙廣場 Piazza di Spagna 旁，設立義大利的第一間分店。想當然耳，
對重視傳統飲食文化的義大利人來說，那怎麼得了！想想看，電影《羅
馬假期》裡優雅的奧黛麗‧赫本，俏皮地坐在西班牙廣場的石階梯上，
吃著巧克力冰淇淋的那一幕，俘擄了多少影迷！再想想另一畫面：總
穿著一身黃白條紋的麥當勞叔叔，即將占領該廣場了。兩相對比，難
怪義大利人無法接受。於是，一群義大利學者及評酒家，包括來自皮
埃蒙特大區布拉小鎮的卡羅‧佩區尼 Carlo Petrini ，集結了反美式速
食文化的力量，發起了慢食文化運動 Slow Food Movement 。

讀到這裡，旅人們一定覺得上述的理由未免太牽強了吧。當然，
這只是我用了詼諧的說法來簡述它。正經地說，對於義大利人而言，

餐桌不僅是填飽肚子的地方，更是聯繫情感的聖殿；他們不想也不願意此一聖殿被紅黃相間的速食店給取代，他們更憂心義大利傳統的小酒館、麵包店、咖啡廳等場所，因為速食業者的進駐而關門大吉，擔心一向被人們重視的飲食文化式微。若然，對擁有二千五百年歷史的文化古都而言，會是多麼嘲諷！

　　仔細想想，從早忙到晚的現代人，有多久沒有好好地吃一頓飯了？一邊用餐一邊滑著手機、打著遊戲、追著劇，甚至用餐的時候掛念著工作、想著文案，或是明天開會的內容，吃飯這件事情，好像就真的只是填飽肚子而已了。那麼生活的其他部分呢？在義大利，食物不僅是大地給予身體的養分，更是歷史和文化的緊密連結，甚至對某些人來說，更是記憶深處的一種認同。

　　想想我們中國人在用餐前常說的一句口頭禪：「請慢用。」是不是也有相同的意涵？因為只有美好的事物才值得我們多花一些時間，慢慢地、好好地品味。

　　結果，提倡慢食的這一群人，歷經三年的努力，在全球總共有二十個國家簽署〈慢食宣言〉後，正式成立了慢食協會，總部就設在發起人卡羅・佩區尼的出生地布拉。

　　走進布拉，這個土地只有五十九平方公里、人口不到三萬的小城鎮，過去曾為起司集散地，儘管幽靜卻不覺得蕭條，城內多得是酒館，咖啡廳和商店也比比皆是。這裡沒有麥當勞和星巴克，如果想要吃飯，就必須得坐下來，慢慢地、好好地享用。就像鎮內隨處可見的蝸牛圖

騰所暗示的一般，緩緩你的生活步調。是的，蝸牛正是慢食協會的標誌，它不經意地就出現在街邊、巷弄或轉角處，目的就是要提醒人們慢食的重要性。

　　主張慢食的人認為，應該慢慢地進食：從視覺進入到餐廳那一刻起，先是靜心聆聽服務生所介紹的餐點，接著耐心等候料理送到眼前，聞一聞食物的香氣，吃進嘴巴後讓味蕾記憶一下各種奇妙的味道，然後讓腸胃快樂地工作，消化與吸收。總之，要花時間享受，讓五種感官各盡其用。主張慢食者還認為，採買家中食品時，最好選擇生產地離家較近的商品，可以有助於減少運輸過程中所產生的廢氣汙染與相關消耗。

　　例如：我最愛的加州櫻桃，甜又多汁，它可能飛了六千九百多英里才來到家裡樓下的超市；而上週餐廳所推薦來自阿爾巴的白松露，可能飛了上萬英里才順利抵達你的餐桌。這些擺放在超市裡頭所謂的新鮮食物，可能旅行了數十萬公里才抵達人們眼前。為了飽餐一頓，將食物運送到餐桌上的過程中，所花費的能源及排放出的二氧化碳，其實遠遠超過吃這些食物所能夠獲得的能量。想到這裡，真是令人心驚！

　　如果能清楚知道食品的來源及製造過程，支持良好、乾淨的食物，品嚐當季時令的蔬果，並學習這些美食背後的努力及傳承，這對飲食文化所能帶來的影響，可能遠遠超乎我們的想像。

· 和民宿老闆話家常

晃悠在生活步調緩慢的布拉小城，無論是站在歷史久遠的教堂旁凝視著街角，聽著嘹亮的鐘聲迴盪在這靜美的城區，或是步行在廣場上的市政廳，回顧中世紀以來的繁華變遷。在這裡，我喝著民宿老闆鄰居自家釀的紅酒，吃著當地小農辛苦種植的野菜蔬果，聞著街邊

不時傳來的濃濃咖啡香氣，彷彿可以觸摸到這座城市的靈魂，既平實而溫暖！當我坐在餐館裡，聽著老闆娓娓道來關於他們家私房菜的故事，哪道料理是媽媽拿手的，哪道菜色是他們家獨有的，更能深刻體會盤中飧的美味與得來不易，也就更加心懷感恩。在這裡，慢食是一種社會哲學，更是一種生活態度。

你也許像我一樣每日朝九晚五的忙碌，住在大都市裡，雖然認同慢食的概念，但卻總覺得難以實踐。

其實，慢食主義者並非主張人們非得吃有機食物不可，或是去高級餐廳消費。比起吃什麼，慢食主義者更希望人們可以重新探索和享受食物帶來的驚喜和愉悅。其實，只要多一點好奇心，仔細感受自己味蕾的反應，試著當個好奇寶寶，追問食物的來源和故事，便能將慢食哲學悄悄地融入生活當中。

布拉，一個從食物出發、努力重現在地文化，並致力復甦味蕾的小城。值得旅人們細細地去品味其從容與閒適，

2. 阿爾巴 Alba ：最有味道的市集

・市集宛如美術館般精采

義大利這個國家的父母們普遍認為，帶著孩子一起逛市集，是件極為重要的事情。應該讓孩子摸摸、聞聞蔬果的味道，讓他們看看

食物原來的模樣，而不只是認識食物被加工過後擺放在超市販售的樣子。傳統市場賣的蔬菜有時甚至還沾有若干濕潤泥土，它們大都是附近農家採收後直接運上貨車載過來的。賣的東西繽紛多樣，除了新鮮蔬果，還有自家釀的橄欖油、葡萄酒、乳酪和火腿，一字排開，任君挑選。市集，是最能夠了解當地文化特色的地方，也是最能夠教育孩

子學習有關食物知識的場所。孩子在這裡可以看見吃進嘴裡的食物從哪裡來，感恩送進肚子裡的除了媽媽的愛心，還有與這片土地的情感連結。

市集裡，幾乎每樣食物都有其來源和特色，即使是走馬看花，你的嗅覺與味覺仍不自覺地被挑動著，視覺與觸覺也被衝擊著。走在義大利的小城市集，就像逛美術館一般精彩呢！

義大利人吃東西，非常講究食材的新鮮度，他們喜歡吃當令的蔬果，也願意花合理的價格，去追求食物應有的原始滋味。他們愛吃，談論吃，了解吃，享受吃，也願意花時間去等待當季的食物。因為他們深知，每個季節，每種食材，都是來自大自然的恩賜，春日的清新，夏日的甜美，秋日的豐收，冬日的溫暖。四季各有出產，人人都可因自己的辛勞享福：春天有翠綠嬌嫩的蘆筍、鮮嫩多汁的番茄；夏日有清甜爽口的櫛瓜、香氣飽滿的杏桃；冬季爐火上煨煮著紅酒燉牛肉，暖呼呼的滋味讓人暫時忘卻了白雪皚皚的冷寒。

‧ 阿爾巴白松露 Tartufo Bianco d'Alba

秋季裡，一陣金風細雨後，空氣中飄散著一股泥土氣味，這土壤裡頭有著高檔餐廳裡不可或缺的珍貴食材：那就是白松露。全世界最頂級的白松露，就在義大利北部的阿爾巴，每年的 10 至 11 月，鎮上會舉行一年一度為期近一個月的國際阿爾巴白松露市場 Alba White

Truffle World Market，有著八十多年歷史的白松露博覽會也即將熱鬧展開。松露展除了賣松露之外，當地農民、商家也在會場販售葡萄酒、橄欖油、果醬、肉製品、起司、甜點等各式各樣美食。走在偌大的會場裡，你不時會聞到白松露特殊的濃郁氣味，一陣一陣地，彷彿背景音樂一樣，融入你的身心，喚醒你的嗅覺。盡情享受吧，這一場最頂級的嗅覺饗宴！

來自世界各地的買家、遊客及老饕聚集在這，準備一親芳澤。貪吃的我當然也不能錯過這一年一度的盛會囉。

從數千年前開始，古羅馬的貴族們就已經喜歡在奢華的宴會上用松露招待客人。到了中世紀教會掌控政治和社會的時期，松露曾被視為春藥之一種，被貼上邪惡的標籤禁止食用，導致接下來的幾百年時間裡，歐洲各地的松露僅作為農民的食物，進不了上流社會。後來又經過好幾百年，松露才又逐漸回到富人家的餐桌上。

根據世界上最具權威的松露研究機構，義大利國家松露研究中心 Centro Nazionale Studi Tartufo 的報告，松露在世界上，目前總共有上百種，在義大利有二十五種，卻只有九種可以食用，市面上則只有六種會出現在消費者面前。在眾多品種的松露中，最有經濟價值的是松露界中的王者 Tuber Magnatum Pico，它另一個比較親民的名稱為阿爾巴白松露 Tartufo Bianco d'Alba。另一個明星級松露則是 Tuber Melanosporum Vitt，一般大眾稱之為法國冬季黑松露 Perigord Truffle。其實，松露產量最大的國家並非法國，而是義大利喔。

· 跟著松露獵人上山尋寶

　　白松露得來不易，因為菌絲要在天時、地利、人和俱備的良好條件下才會出現，而且只會生長在幾種特殊樹種的根系旁，才能藉此獲取養分，產生香氣。由於尋找困難、生長不易、無法人工栽培、產量稀少、保存期限短等因素，價格一直居高不下。現今，除了少許品種的黑松露可以人工養殖以外，白松露大都是野生採摘來的。眾所周知，松露是生長在樹林泥土裡的，很難被發現，於是出現了松露獵人這樣一種傳統職業。早期松露獵人發現母豬對松露的味道特別敏感，於是常常帶著母豬上山去尋找松露。這樣做雖然較快找到松露，不過貪吃的母豬奉行先吃先贏哲學，常常讓獵人們落得空手而歸，白忙一場。後來，學乖的松露獵人索性改為訓練較容易控制的小狗，一起出獵搜尋。

　　在白松露的產季來到阿爾巴旅行，可以提早預約松露獵人帶路，來一趟採松露之旅，價格大約在一百五十至二百歐元不等。可以詢問當地的旅遊資訊中心，或是下榻的飯店，基本上都可以詢問得到松露獵人的行程。

　　我此次造訪阿爾巴，早早就預約了松露獵人安娜麗莎 Annalisa。別看她年紀輕輕，資歷可不淺。她的父親也是一位松露獵人，她從小在松露採摘季節就跟著上山，耳濡目染，身經百戰，至今已是資深老手了。

　　安娜麗莎一邊牽著獵狗，一邊說明：「松露跟馬鈴薯、芋頭、薑

等同屬塊莖家族，唯一不同的是，松露沒有地上植株，所以嗅覺靈敏的小狗在尋找過程中扮演著相當重要的角色。松露長在不同樹種的根部周遭，與樹共生，進行水和養分交換，不同樹種會提供不同的養分，這也就是為什麼每株松露的顏色、香氣與味道皆不相同。通常松露喜與共生的樹大致有四種：楊樹、榛樹、橡樹和椴樹，可見並非任何樹種都會長松露唷。」

安娜麗莎手指著前面不同的樹種，向我們一一解釋。

「每年夏末到隔年初春是義大利採集黑松露的季節，秋天則是採集白松露。每個松露獵人都有自己的祕密路線，因為一旦某棵樹的樹根與松露產生共生系統後，接下來的每一年，其根部周遭都會再次長出松露。我們通常在一個地方挖出松露後，會將泥土恢復原狀，一來怕被別人發現，二來松露的孢子散在土壤裡，必須妥善處理，來年才會繼續豐收。」

隨著安娜麗莎和小狗輕盈的步伐，我們愈往山裡走去。經由她詳細的說明才知道，原來松露之所以如此珍貴，不是沒有道理的。

「當然，有時也會碰到想撿現成而尾隨上山的投機者。這時我們會提高警覺，故意繞遠路或是等到天黑才出發，因為誰也不想自己的藏寶處露餡了，被對手發覺。」走在前頭的安娜麗莎說到這裡，微微轉頭對我們露出得意的微笑。

就在此時，小狗吠了幾聲往前跑去，停在一棵大樹旁邊左聞聞右轉轉，然後用前腳往樹根處撥了幾下。安娜麗莎趕緊往前跑去，先是

輕拍著狗狗的頭，然後手執小鏟子往樹根周遭挖。我們一行人興奮地緊跟著，不時探頭問問：「有嗎？找到了嗎？」果不其然，安娜麗莎從樹根附近挖出幾顆沾有泥土的白松露。哇！大家開心得不得了。

安娜麗莎把剛剛挖出的白松露遞給我們瞧瞧，我將鼻子湊前聞一聞，味道不算太濃，表面也不大光滑。不過，別看它小小一顆，這幾年在餐廳販售的價格，依等級不同，每公克約在四至十歐元左右呢。接下來的幾個小時，我們跟隨她的腳步往森林深處走去。小狗狗有如老馬識途，熟門熟路，有幾次還真的找到了寶貴的松露。當然，也會有撲空的時候啦。

結束探險之旅後，安娜麗莎把剛剛隨身的小袋子送給了我們：「這就是你們今天的戰果！」雖然才幾顆，體型也都小小的，但在一路上我們學習到的知識卻十分豐碩，也讓我更加珍惜手上這些沾有泥土的珍貴寶藏。

・賽驢節

對盛產松露的阿爾巴地區而言，秋天無疑是最值得歡慶的季節，此時鎮上會舉行各式各樣熱鬧的慶祝活動，就此迎接每年的白松露產季，包括象徵傳統精神的賽驢節。賽驢節通常在 10 月的第一週舉行，歷史已有半個世紀之久。屆時會有一場規模盛大的中世紀裝扮遊行，當地居民與賽驢隊伍，都會換上中世紀時期貴族與騎士的服裝。騎士們一面走一面揮舞著軍隊的旗幟，盛大的隊伍走在古城街道上，接受

民眾的熱烈歡呼，旗海飄飄，好是熱鬧。當比賽正式登場時，參賽者最終的任務就是要騎著驢子奔向終點。可想而知，驢子哪能像馬匹那麼好控制？至今，我回想起那年秋天在街道邊觀看比賽的情況，那人驢大戰的場面，參賽者連哄帶騙、花招百出的模樣，每次想起都令我不禁莞爾、回味無窮！

在產季造訪的旅人們，也別忘了到鎮上餐館品嚐那遠近馳名的鑽石級美味：白松露料理。

今天中午，我們照慣例來到之前造訪過的餐廳。一進門，我們便將早上的戰果拿給老闆，請他在我們點的白松露餐點上加料，雖然我們的戰果實在微不足道，但起了個大清早用體力換取的成果，幾顆小松露，還是令我有些許成就感。點完餐後，餐廳侍者端來了幾個裝有白松露的葡萄酒杯，姿態優雅地擺在我們面前，它們可是今天的主角。在餐廳，將松露展示給客人看的最佳容器，其實就是玻璃杯。因為透明的杯身可以清楚觀賞到白松露的外形，也可以藉由杯緣聞到白松露那細緻又獨特的香氣；更重要的是，可以避免客人為了好奇而不自覺地觸碰白松露。的確，我拿起杯子將杯緣靠近鼻端，那濃郁的香氣頓時撲鼻而來，讓我忍不住想大快朵頤一番。

·生牛肉佐白松露

在阿爾巴有一道經典料理 Tagliata di manzo con tartufo bianco d'alba，就是將切碎的生牛肉搭配白松露一起享用的傳統美食。據說這

是早期剛分娩後的產婦或是大病初癒的人滋補身體時食用的菜餚，一般做法如下：將生牛肉切碎丁，淋上橄欖油，撒上鹽花，刨上白松露。這道料理，一入口，牛肉綿密的口感，結合那帶有淡淡青草味的橄欖油，在舌尖上咕溜咕溜地滑動，細細咀嚼後，白松露濃烈的香氣在口腔內炸開，彷彿帶有清脆的蘆筍及堅果味在鼻腔內滾動著。美妙得難以形容的滑嫩口感，讓我情不自禁地一口接一口，不想放下刀叉。

　　在產季期間來到阿爾巴有得吃有得玩，大街小巷到處擠滿人，。松露市集會場的範圍並不大，定好價的白松露整齊排排站好在攤位上。大會為了保證品質，所有松露均須通過品質確認才可出售。另外，如果購買重達十公克以上的松露，結帳後商家會給一個編號，可以到場內的櫃台即時驗證。所以，基本上在松露市集購買的松露皆是品質保證，旅人們可以安心選購。

　　為了刺激買氣，市集內很多商家會提供產品試吃，所有松露的相

關商品，包括抹醬、松露油等，無一不是買氣滾滾！旅人們可以藉機採買一些伴手禮，將松露的好滋味帶回家。

阿爾巴白松露節 Fiera del Tartufo bianco d'Alba

www.fieradeltartufo.org

3. 大教堂廣場 Piazza Duomo 米其林三星餐廳：徜徉在粉紅色的夢境裡

阿爾巴以白松露的美名享譽世界，每年入冬前湧進大批的觀光客，包括廚師與商人，就為了買到最好的白松露。過去幾年我總是在白松露的季節報到，參觀松露市集，跟著松露獵人上山尋寶，品嚐這珍貴美味。其實，阿爾巴小鎮特產當然不止松露一種，當地舒適宜人的氣候也是各種植物花卉的溫床。

值得一提的是，每回來到阿爾巴旅遊，我一定都會造訪大教堂廣場餐廳，或吃或住。這是由當地著名的塞雷托 Ceretto 家族和年輕的天才主廚恩里科‧克里帕 Enrico Crippa 一同打造的米其林三星餐廳，擁有十一張桌子與三間客房的空間。

數年前，塞雷托酒莊的主人為了向世人證明阿爾巴也可以擁有世界級的餐廳，於是在全世界花了二年的時間尋覓，終於找到現任主廚克里帕，當時克里帕剛從日本研習回來。而在往後十年之中，克里帕藉著自己對廚藝的堅持，實現了塞雷托家族的期望，帶領餐廳一步步

從一星邁向三星，更在 2015 年獲選全球前五十最佳餐廳，真是非常令人敬佩。

　　我還記得多年前首次來到大教堂廣場餐廳的情景：一走進室內，瞬間就被那大膽強烈的粉紅色內裝吸引住目光！必須得說，很少餐廳敢用如此大膽的顏色卻不令人感到俗豔，而且整個餐廳的氛圍十分簡約，設計感明顯卻不做作。柔和、優雅、現代感的整體設計，並不會讓人感覺太過於少女心之青嫩。天花板和牆壁上矗立著那不勒斯藝術家的壁畫，巨大的葡萄葉構成了全球五大洲的地形圖案，葡萄藤蔓延伸到四個包廂，柔和的色彩極具當代藝術風情，這恰恰符合主廚的現代義大利烹飪思維。

・孕育獨特美味覺的祕密園地

之前來訪時我就聽過主廚介紹，在距離餐廳幾公里外，有一個占地五公頃，專門生產 barolo 葡萄酒的酒莊提供給餐廳使用，在酒莊附近還有個專屬的菜園與溫室，每日供應新鮮的蔬菜給餐廳廚房，那裡是孕育餐廳獨特味覺標記的祕密園地。不同於皮埃特蒙地區的傳統義大利菜，克里帕的廚房強調一種值得提倡並能突顯地區獨特性的生活及飲食文化。

然而，之前僅憑耳聞，從未曾有過機會親眼見識。這次臨行前剛好和該餐廳聯繫上，有機會實際參觀大教堂廣場餐廳的農場菜園。那是個陽光和煦的上午，在該餐廳用完早餐後，我換上了輕便服裝，搭乘主廚的汽車，前往二十分鐘左右車程的農場。一下車，親切的農場主人已在外頭等候著我們。

農場主人的導覽非常仔細，他介紹著農場內共有四百多種植物及一間溫室，整個農場內種滿各種苗芽植栽和香草，還有可食用的花卉。對植物一竅不通的我，此時就像跌進了兔子洞的愛麗絲，對眼前的新鮮事物，看得目瞪口呆，聽得嘖嘖稱奇。

每個季節各有不同的當令植物長成。農場主人娓娓道來：

「我們會有專門人員與主廚一同設計下一季餐廳的菜單，然後根據菜單的需要考慮該栽種些什麼，該吃節瓜的時候吃節瓜，該吃草莓的時候就吃草莓。要懂得順應上天的恩賜，四季有它的道理，不應該

由我們來控制大自然……。將這些蔬果採摘下來後就直接送往餐廳，好確保能在最新鮮的時刻製成料理，讓客人享用，當然也要確保所有食材都是最安全的也是最乾淨的……。」

我不得不說主廚關於烹飪的思維與手法的確創新，同樣，該餐廳農場的規模與管理也著實令我印象深刻，嘆為觀止。

· 植物聚寶盆、甜菜根果凍

在農場玩耍了一個上午，像是上了一堂植物學課程，令我收穫滿滿。回到餐廳後，飢腸轆轆的我已經等不及要祭祭五臟廟了。

第一道上桌的菜色由幾十種植物組成，大都是我不曾見過的品種，就像個植物聚寶盆一樣，令我目不暇給。入口後舌尖上有酸、甜、苦、辣各種味道，層層堆疊。侍者說，眼前的蔬菜全部都是剛剛參觀的農場每天提供給餐廳的，不同季節會有不同的變化。這道菜除了能享用新鮮蔬菜之外，也讓人回歸到原食的美味，而最後底部收尾醬汁居然是日式柴魚高湯，湯底清爽卻又不單調，真是神來一筆！

另外一道是由甜菜根作為主角。主廚將甜菜根做成四種不同的形態的果凍，再搭配其他食材加以調味。通常甜菜根帶有淡淡的土味，但加以烹調後，像是被施展了魔法的它，有了煥然一新的四種面貌，真是一絕！

· 松露義大利麵、松露水波蛋

　　因為是白松露產季造訪，餐點當然也少不了時令的白松露料理。

其實以白松露佐菜的餐點非常多，但在義大利料理白松露的經典菜餚

就屬那幾道，我個人也是十分鍾情。因為這幾道經典，完全可以襯托出白松露獨特的香氣，不會喧賓奪主。

松露義大利麵及松露滑蛋是松露產季時，最能表現廚師手藝的經典傳統菜餚之一。在世界各地很多義大利料理的餐廳，幾乎都有這兩道菜。然而，很多餐廳為了節省成本，又想增加松露香氣，往往會在料理上添加松露油。這樣一來，松露油過於濃厚的氣味不免會蓋過松露本身天然的味道，實在太可惜了。在義大利，若有廚師在傳統的松露料理裡使用了松露油，可是會被同行瞧不起的啊。

其實，經典的松露麵關鍵就是二樣重點食材，那就是手工的雞蛋麵條和新鮮松露。手工切麵吃得出淡淡的麵香，也耐嚼。 在上桌前將松露刨成薄片，佐上松露濃郁的香氣，頓時香氣四溢。麵還沒端上桌，氣味就先飄到鼻端了，令人口水直流。

而松露滑蛋，無論是水波蛋或是炒蛋，必定挑選沒有蛋腥味的蛋種，其滑嫩的口感，味道鮮好卻低調，恰恰可以襯托出松露的美味風采。

克里帕讓阿爾巴小鎮不再僅止於擁有白松露，他還將美味的目光轉移到大自然的恩賜，大教堂廣場 Piazza Duomo 餐廳為食材與料理創造了一個多元、豐富而精彩的連結，就算不在白松露季節造訪，也能品嚐到最頂級的季節風味，帶回一個難忘的記憶。

Ristorante Piazza Duomo

https://www.piazzaduomoalba.it/en/

4. 巴羅洛 Barolo ：紅酒中的王者

酒中之王，王者之酒。在 19 世紀，barolo 葡萄酒遇到了一個重
要的轉捩點，一段傳奇佳話就此上演

——英國葡萄酒作家奧茲．克拉克 Oz Clarke

《100 瓶葡萄酒中的歷史》

Piemont 皮埃蒙特 ，原文意思為山之腳，在阿爾卑斯山下的區塊，
與瑞士、法國交界，這裡是葡萄酒愛好者心目中的聖地，這個產區擁
有十六種 DOCG 義大利保證法定產區酒 和四十四種 DOC 義大利法定
產區酒 ，它在葡萄酒的產區地位中素有義大利的勃艮第之稱。

· 羅馬士兵帶來了葡萄樹苗

古希臘人把義大利稱為葡萄酒之國 enotria 。在義大利境內的國
土上，葡萄藤無處不在，古老而原生的品種不可勝數，光是官方文件
收錄的葡萄品種就高達四百多種，更別說那些官方沒有收錄的。義大
利飲用葡萄酒的歷史極其久遠，龐貝城遺跡裡頭，發現許多保存完整
的葡萄酒壺。據說，古羅馬時期，軍隊出征作戰時，士兵們不單隨身
攜帶武器，還帶著葡萄樹苗，一旦打勝仗，攻城掠地，就在那裡種下
葡萄。這也就是在這偌大的土地上，葡萄藤之所以隨處可見的原因。

在皮埃蒙特大區，盛產全義大利最昂貴的葡萄品種內比奧盧

Nebbiolo，而在境內的阿爾巴市出產了有葡萄酒之王美名的 barolo 紅酒，正是用 100% 的內比奧盧來釀造的。此品種葡萄生長在沙子和石灰石密度較高的土壤中，體型細小，皮較薄；其所釀造出來的葡萄酒富含野生蘑菇、松露、玫瑰和焦油的多元風味，色澤偏紅石榴色，陳年後則轉為深磚紅色，酒體扎實，令鑑賞家讚不絕口。每次打開 barolo 都會帶來驚喜和讚嘆，這種雄渾又飽滿的酒體，對喜歡義大利酒的人來說別有一番情感，他們常說：「barolo 散發著這塊土地的味道。」

甜如馬德拉 Madeira，咬口如波爾多，清爽如香檳。

這是美國總統湯姆斯‧傑佛遜 Thoms Jefferson，在 1787 年品嚐一瓶用內比奧盧釀造的葡萄酒時所給的評語。

早在古羅馬時代，羅馬皇帝與作家普林尼 Pliny 往來的書函中，即曾提及使用內比奧盧釀造出來的葡萄酒；到了 13 世紀，仍然受到貴族們的喜愛，甚至在法國國王路易十四的餐桌上也常見到其身影。那時，此品種葡萄被用來釀造粉紅色的甜酒，直到 19 世紀之前，barolo 仍被譽為香甜美酒的代表。

到了 19 世紀，這款葡萄酒的命運有了轉折……

· 烏達造就 barolo 紅酒的第一段傳奇

當時，義大利統一運動的領導人加富爾 Cavour，對皮埃蒙特境內生產的葡萄酒並不喜歡，因為他鍾情的是法國勃艮第產區的紅葡萄酒，甚至命人在當時的首都都靈栽種五公頃的黑比諾 Pinot Noir 葡萄樹來釀造紅酒。結果，所釀造出來的酒之品質卻令他大失所望。

這種情形也發生在他的友人巴羅洛女爵 Marchesa di Barolo 的身上。女爵年輕時曾住在法國，本身也十分喜愛法國葡萄酒，。當她返回義大利時，品嚐到家鄉的 barolo 紅酒時，也感到十分失望。那時的 barolo 帶甜、微酸，甚至略帶微氣泡，和現在我們喝到的大不相同。女爵和加富爾對 barolo 的評價一樣：「這種酒太差勁了，必須改變。」後來，加富爾從法國勃艮第找來釀酒師路易·烏達 Louis Oudart 重新改造。

烏達注意到，內比奧盧葡萄產量十分巨大，而且比一般 9 月採收的品種來得晚熟，其採收期甚至晚至 10 月末或 11 月。當地人在寒冷的天氣採收完後，急忙胡亂地塞進年久失修的酒窖裡，在這樣的過程下也勢必會開始不穩定的發酵過程，再加上天氣已經入冬，低溫會中止發酵，在酒窖裡大部分的葡萄根本還沒完全分解掉糖，所以得到的就是早期那種帶酸、帶甜、帶有氣泡的紅葡萄酒。

烏達針對以上問題全面性地做出了改變，首先降低內比奧盧的總產量，為的是確保每一顆葡萄都能夠在採收過程時達到最理想的熟成度。另外，他有系統地添置了全新的釀酒器具，並在全新的釀酒室裡

安裝了可以保持溫度的器具。如此一來，酒窖的氣溫穩定，自然釀造出了風味平衡、酒體飽滿、單寧厚實、顏色深沉的葡萄酒，這就是最早 barolo 紅酒的原型。

之後，隨著貴族的沒落，釀酒技術流傳了開來，barolo 成了皮埃蒙特大區最閃耀的星星。在義大利統一之後，第一任國王維托里奧·伊曼紐 Victor Emmanuel 也難擋 barolo 的魅力，他命人開闢了屬於自己的 barolo 葡萄園，此後 barolo 葡萄酒也正式開啟了他的酒王之路。

以上，就是屬於 barolo 紅酒的第一段傳奇。

· barolo 紅酒第二段傳奇：傳統派 VS 現代派

傳統的 barolo 葡萄酒必須由 100% 的內比奧盧葡萄釀造。將採收的葡萄浸皮數週，萃取色素的同時也萃取到了大量的單寧。然而，為了柔化單寧，酒體必須存放在大橡木桶裡數年才能裝瓶，裝瓶後往往還得在酒瓶裡度過十幾二十年的歲月，才有機會成為一瓶偉大的 barolo，前提是必須具備了細心照料的葡萄園、技術高超的釀酒師、氣候適宜的溫度，再加上足夠的耐心來等待，才有可能。

開瓶後，那迷人又複雜的氣味，突出的焦油和玫瑰香氣，一直是愛酒的同好們為之驚豔之處，但也正因為如此，讓更多人覺得這種酒難以親近，因為大部分的 barolo 葡萄酒非常濃烈又強壯，偉大與平庸往往只有一線之隔。

世界著名紅酒評論家羅伯特·帕克 Robert Parker 說過：barolo 葡萄酒剛毅不屈，單寧極其強烈，在酒齡年輕的時候往往難以親近，且桀驁不馴。

然而，在 1960 至 1970 年代之間，有些從父執輩手裡接下釀酒工作的年輕人，意圖改變 barolo 紅酒的釀造方式，他們從全球其他地方，學習到了有別於傳統的釀酒技術，為了證明自己的理念，讓 barolo 的聲名再次遠播到世界各個角落。他們採用了被當地傳統派認為是離經叛道的做法，包括進行綠色採收來降低產量，減少葡萄浸泡的時間，讓酒體的單寧減少，捨棄大橡木桶，改用小橡木桶進行陳年後再裝瓶等。這些新觀念，釀出了能在年輕時就可以飲用的 barolo，開瓶後充

滿著水果的風味與香氣，單寧較為柔順，酒體較細緻也飽滿。的確，這也是一般普羅大眾喜歡的口味，於是來自世界各地的訂單接踵而來，更吸引在地一間又一間的傳統酒莊轉向現代派釀造方式的路徑。

在這股改變的風潮下，傳統與現代兩派間的爭執與衝突未曾停歇，傳統派認為現代派的 barolo 太普遍，無獨特性，缺乏靈魂；而現代派則認為傳統派的 barolo 充滿大量的單寧與酸味，不易親近，需要費時等待。

雖然新舊兩派都有各自的擁護者，但不得不承認，在這二三十年裡，barolo 大大提升了整體品質。在過去的歲月中，barolo 只存在著偉大與平庸兩種可能選擇；現在，我們除了偉大的 barolo 之外，還有許多優秀的 barolo 可以任君挑選，不論是傳統或現代，各有所好，各有粉絲。每個人都能選擇自己喜歡的 barolo，它可以是古典優雅，也可以是現代熱情。對我而言，一瓶酒的價值從來就不在於其究竟歸屬傳統或現代派別，而在於其本質上能否予人美好的當下感受與記憶。

二、都靈市 Città metropolitana di Torino

1. 都靈：一席流動的巧克力盛宴

> 巴黎是一場流動的盛宴，而都靈是一席流動的巧克力盛宴。
>
> ——海明威

你喜歡巧克力嗎？我非常喜愛。如果你也和我一樣，那麼絕對不可以錯過一座以巧克力聞名的城市——都靈。都靈位於義大利北部，屬於皮埃蒙特大區的都靈省，義大利第三大城市。都靈曾是義大利統一後的第一處首都，全義大利有近三分之二的巧克力工廠設立於此，包括世界知名的精品巧克力 Caffarel、生產金莎巧克力的 Ferrero，還有 Godiva 巧克力等。從來沒有任何一座城市能像都靈這樣，把巧克力發揮得如此淋漓盡致。都靈這座城市，也因為巧克力而增添了幾分浪漫和童話的色彩。

· 可可：小黑豆變身巧克力

1502 年，哥倫布航行美洲時發現了可可豆，並把它帶回歐洲，當作香料送給了西班牙王室，可惜女王伊莎貝拉一世 Isabel I 和其丈

夫斐迪南五世 Fernando V 根本看不出這小黑豆有何珍異，也沒人知道怎樣食用。直到 1519 年，埃爾南‧科爾特斯 Hernán Cortés 入侵墨西哥之後，才發現了阿茲特克人用可可豆製成的美味飲品巧克力 意謂熱飲料 。這一次，以巧克力飲料形式被引進歐洲的可可豆，很快受到西班牙王公貴族們的歡迎，後來又傳到了英、法等國，隨後在歐洲上流社會形成時尚，盛行不衰。

至於都靈與巧克力的浪漫傳奇，則要回溯到 1560 年。當時，為了慶祝薩伏伊 Savoy 王朝的首都從尚貝里 Chambéry 遷至都靈，一位叫伊曼紐‧菲利波特 Emanuel Philibert 的薩伏伊公爵，從西班牙帶回來可可豆，將它作為遷都的禮物獻上。這可是可可豆第一次踏上義大

利的國土！後來都靈人把可可，與香草、水和糖混合在一起調成糊狀，
然後將它凝固成塊狀，屬於義大利的巧克力就這樣誕生了。

從那時開始，巧克力熱飲也同樣受到了皇室成員的喜愛，甚至在
1678 年，薩伏伊王朝的女皇親自為第一家經營巧克力飲品的店鋪頒發
了執照，到了 18 世紀時，熱巧克力已經相當平民化，伴隨著咖啡館文
化的興盛，都靈城中任何一間咖啡館裡都可以喝到。

· 比塞林咖啡 Caffè Al Bicerin：
品嚐古法傳統巧克力咖啡

近五個世紀以來，都靈已發展成為手工巧克力的重鎮。走在都靈

的街道上，巴洛克、洛可可、新古典風格的建築隨處可見。無論是市政廣場周圍，或是街角巷弄處，這裡多得是咖啡廳、小餐館，無論你走進哪一間，裡頭一定都有販售一種名叫 Bicerin 的飲品，它可是由擁有二百五十六年歷史的比塞林咖啡廳於 1763 年發明的。

　　Bicerin 的前身是名叫 Bavareisa 的飲品組合：咖啡、熱巧克力、牛奶和糖漿會一起被端到桌上，由顧客自己決定搭配方式：愛吃甜的可以多加一點糖漿，不愛牛奶的可以不加奶，或者可以每樣都來一些。1763 年，有間飲品小店的老闆發現，每樣都來一些的組合最受顧客青睞，於是便將它們組合在一起，用沒有手把的玻璃杯來盛裝，並將此調和飲品取名 Bicerin。由於小店正好位於教堂附近，每逢伊斯蘭教大齋禮 Lent 期間，穆斯林是不能吃東西的，但巧克力飲料算是例外，於是可以補充能的巧克力飲品開始受到民眾的喜愛，知名度就此打開。小店的名字也乾脆改為 Caffè Al Bicerin，一直延續至今。

　　來到空間不大的比塞林咖啡廳，常常可見門口大排長龍。比起戶外的露天雅座，我更喜愛坐在室內，扎實的木質裝潢，絲絨的座椅，大理石的小圓餐桌，點上白色微微的燭火，牆上是柚木鑲板和水銀鏡，氣氛溫馨雅致。這裡有種 19 世紀的氛圍，那是種舊時代的風華。放眼望去，每張餐桌上，人人必點這種用高腳杯裝著的溫熱飲品。

　　不可以攪拌混合，要直接喝進去唷！將 Bicerin 飲品端上桌的服務生這麼叮嚀著。入口後首先嚐到的是冰奶油，然後是熱巧克力，最後才是濃縮咖啡，綿密滑順的奶油跟香濃的熱巧克力總是絕配，當兩

者在口腔內融合後，那幸福的滋味，妙不可言！而濃縮咖啡略苦的尾韻不僅化解了甜膩，也在味蕾上保留了咖啡的香氣。特別是在窗外遍地白雪的冬季，來杯 Bicerin，可是當地人們幸福感的來源之一喔。

　　如果想要體驗一下 17 世紀皇室貴族們品嚐巧克力飲品的華麗盛況，在都靈的不少咖啡店都有名叫皇家點心時間 Merenda Reale 的套餐。當然，在比塞林咖啡廳也有販售此種套餐：用精美銀製餐具和瓷器盛裝各種小點心搭配一杯熱巧克力來食用，這時，巧克力飲品可不能直接喝，而是要用點心來配食喔。對我來說，這種甜上加甜的極致滋味，品嚐過一次就好。呵呵，我還是喜歡 Bicerin 多一些！

· **甜蜜蜜的巧克力盛典節期**

　　在都靈，每年 11 月 22 日至 12 月 1 日，為期一個星期的巧克力

節 CioccolaTò，於城中心的聖卡羅廣場 Piazza San Carlo 舉行。在以往，傳統的巧克力節是人們在冬季團聚家中溫馨慶祝的日子，後來逐漸發展為一場歐洲各地巧克力品牌的新品發表會，以及展現技巧的世界級盛事。如今，這甜蜜蜜的盛典每年吸引將近八十萬名遊客造訪，總消費六萬噸左右的巧克力。

在巧克力節中，你會驚嘆於巧克力對都靈人的意義，他們以表演、音樂、展覽等各種活動形式，來表達他們對於巧克力的熱愛。走進展覽現場，彷彿走進了一座用巧克力妝點的樂園，各個知名廠商端出一盤盤最新的商品任你試吃。漫步在舊城區的復古街道中，撲鼻而來的是混著香草、咖啡和榛果的可可香氣，令我不由自主地感到幸福甜蜜。

造訪都靈，隨處可見金碧輝煌的宮殿、寬闊恢弘的廣場和綠意盎然的林蔭道。真的，這座義大利最重要的工業城市氣質非凡，一如它的中文名字都靈一樣，充滿靈性，令人流連忘返，

第三章

利古里亞 Liguria 大區
找找滄海遺珠的隱世美景

利古里亞大區擁有約三百五十公里的地中海海岸線,風景壯麗。在綿延的山脈上,有著許多糖果色的小房子。狹長而貧瘠的多山海岸上,處處是石牆圍造的梯田。由於大型機器很難在梯田上運作,因此這裡的農業種植仍然以人工為主。地形關係不適合栽種五穀,但橄欖油的產量在義大利名列前茅。這裡的食物口味較清淡,食材來自大海和蔬菜園。過去,漁民在海上吃魚和乾糧後,需要回到岸上尋找蔬菜、水果和奶酪;現在,當地季節性的食物驅動著大多數利古里亞居民的烹飪。靠海為生的居民也發展出許多美味的海鮮料理,當地的居民習慣在烹調中加入大量地中海沿岸生長的香料來增添味道,最具代表性的就是羅勒醬。另外,首都熱那亞,以海港城市聞名,也發展出方便水手攜帶的佛卡夏麵包 Focaccia Barese。

一、因佩里亞省 Provincia di Imperia

1. 貞潔的新娘 VS 糕點節 Festa della Michetta

「盧克雷西婭 Lucrezia 你不能不吃東西啊，再過幾天就是你和法布里佐 Fabrizio 結婚的日子了，你這樣每日哭泣，不喝水，不吃飯，身體會吃不消的。」母親在床邊一臉焦慮，苦口婆心地勸說著即將結婚的女兒。然而，盧克雷西婭的絕食抗議是有其理由的：14 世紀時，甜水鎮當局有條法令規定，所有新娘在洞房花燭夜當晚，必須將初夜獻給多利亞侯爵 Marquis Doria，隔天才可以和新郎完成結婚儀式。看著女兒淚眼婆娑、絕望無助的樣子，母親極為不捨。無奈侯爵是當地的統治者，即便老百姓都認為此一法令極其嚴苛又不合情理，大家卻敢怒而不敢言。

最終，盧克雷西婭抵不過哀傷與飢餓，在婚禮前一天過世了。消息傳到新郎一家人耳中，新郎自然感到憤恨不平，於是和哥哥們率領騎士團，趁著深夜攻進侯爵的城堡。當新郎法布里佐揮劍指向躲在房間裡衣衫不整、睡眼惺忪的侯爵多里亞時，多里亞嚇得跪地求饒。法布里佐深知，就算此時殺了侯爵，自己所深愛的新娘也無法復生，於是轉而要求侯爵廢除這項法令，如此便可饒他一命。命在旦夕、嚇壞了的侯爵當然趕緊答應，並在隔天命人向村民宣布。

　　村子裡的婦女們聽到這樣的好消息，莫不歡欣鼓舞。有位家中即將要出嫁女兒的母親，感念盧克雷西婭為了守住貞潔而犧牲生命，於是製作了一道暗喻女性身體形狀的糕點，又稱米契塔 Michetta，一種不規則的、幾乎不掉屑的小圓形麵包，送給了剛剛痛失愛女的母親，表示安慰。就這樣，這個習俗流傳至今。每年 8 月 16 日，也就是盧克雷西婭的忌日，當地人便將其視為年度盛典，又稱糕點節 Festa della Michetta；當晚家家戶戶都會吃這樣的糕點，甚至在村子裡的石拱橋上施放煙火來慶祝。

2. 甜水鎮 Dolceacqua ：莫內橋

　　甜水鎮位在義大利與南法交界，有名的蔚藍海岸山丘，相較於遊客如織、繁榮熱鬧的坎城及尼斯等沿岸城市，這裡自 11 世紀以至於今，一直保存著中世紀的純樸樣貌，更曾被列為義大利最美的村莊之一。

　　12 世紀時，多里亞侯爵家族為了抵禦外敵，便在此地命人建造了城堡，而後慢慢地從城堡延伸出了村莊的雛形。然而，鎮上人口一直不多，如今城堡已為當地政府所有，並成為該鎮重要的藝文活動舉行地點。

　　小鎮共有兩個村莊組成，一是城堡所在地的舊村泰拉 Terra ，另一則是 19 世紀所建的新村博爾戈 Borgo ，兩村之間相隔著一條內維亞 Nervia 溪，並藉由一座三十多公尺長的石造拱橋相連接。1883 年，畫家莫內和雷諾瓦曾一同到蔚藍海岸旅遊，莫內極喜歡海岸沿線的城

市，隔年又再度造訪。當他旅行到了甜水鎮，初見這座石拱橋時，驚為天人，他曾在寫給巴黎友人的信中表示：「1884 年 2 月 18 日，甜水鎮，置身內維亞山谷，這裡真是太棒了！還有座宛若輕盈寶石的橋。」充分表現出了藝術家對於這裡的喜愛，還在當地創作了四幅以石拱橋為主題的作品。這座橋就這樣因莫內而聲名大噪，更有人直接稱它為莫內橋，時時可見旅人於橋上駐足留影，儼然成為小鎮最佳打卡景點。

走過莫內橋，在村子入口處可以見到二座教堂：一是羅馬式風格的聖喬治教堂；二是位在泰拉舊村廣場，15 世紀所建的聖安東尼教堂，經由重建而改為粉紅色的巴洛克風格。參觀完廣場上的教堂後，踏進村落中的階梯，一場宛如走進迷宮的旅程即將展開。

當初侯爵建造城堡旨在於防禦外敵，想當然不會開大道讓敵人來去自如，於是可以看到整個舊村是由無數窄小的石板路、蜿蜒的巷弄、一座座拱門、一層層階梯及小石屋組成。在曲折的巷弄間，小酒館、雜貨店、咖啡館、餐廳和民宿林立，無論是街頭轉角可見的壁畫，抑或店家及民房內外觀，無不妝點得古色古香。在這風景如畫的氛圍中，不得佩服當地人信手拈來的居家美學。

在這裡，手上的地圖及手機的導航都不管用，只能憑靠微薄的方向感和路標，在複雜得讓人摸不著頭緒的大街小巷間穿梭，迷了路是自然的。索性放棄吧，漫無目的閒逛也未嘗不是件好事，我可以多些時間好好地欣賞和體驗柳暗花明又一村的驚喜，忽隱忽現的陽光錯落

於石板屋頂間，慵懶打著呼嚕的小黑貓蜷曲在斜坡上，小女孩蹲坐在牆角邊玩著手上的布娃娃，這愜意的午後，多了點浪漫自在的氣息。恍惚間，我似乎隱約能明白，當年莫內何以如此鍾情於這個小鎮了。

　　逛完一圈，是時候歇歇腿，祭祭自己的五臟廟了。賣咖啡的老闆熱心介紹這裡幾家不錯的披薩店，我們光顧其一，買好披薩，索性在街邊大啖起來，伴著夕陽，開心地享用。老闆還推薦說，若要買些伴

手禮帶回家，這裡的特級初榨橄欖油及葡萄酒，都是很好的選擇。這裡出產的粉紅甜酒 Rossese di Dolceacqua 甘潤香甜，甜如糖水，故名甜水鎮也。

　　甜水鎮，這個名字取得真好，甜甜的陽光，甜甜的空氣，處處芬芳，幸福洋溢。在這裡，時光彷彿停留在中世紀未曾前進，這顆曾讓莫內驚豔的輕盈寶石，依然小巧精美。推薦給徜徉於蔚藍海岸間行走的旅人，值得花上一兩天來此感受另一種氛圍，那在我記憶中香甜甜的滋味。

二、熱那亞省 Genova

1. 首府熱那亞：山丘上的繁華王國

　　這是個密布於山丘上的繁華王國，那些櫛比鱗次、富麗雄偉的建築物，將該地居民的自信表露無遺。

　　　　　　　　——佩脫拉克 Francesco Petrarca 文藝復興時期義大利詩人

　　此段文字寫於 1358 年，當時佩脫拉克描述的城市就是熱那亞，利古里亞大區的首府，著名的海港城市。在十字軍東征及文藝復興時期，熱那亞共和國和威尼斯共和國並列為地中海貿易霸主。這裡是

著名航海家哥倫布和小提琴大師帕格尼尼的故鄉。馬可·波羅被俘擄時就關在熱那亞監獄，如今已改為港口前面的關稅局 Palazzo San Giorgio。午夜時分，獄友環繞身旁，馬可波羅頂著月光，講述著關於遊歷中國的種種見聞。那些見聞，在當時一般人聽來，彷彿天方夜譚，或是夜晚哄孩子入睡的枕邊故事。不過，竟然有人深信不疑，不但相信，還用筆抄錄了下來，這就是日後風靡歐洲幾個世紀的《馬可·波羅東方遊記》。

熱那亞以巴洛克式和哥德式建築聞名，走在城區，昔日富麗堂皇的宅邸隨處可見。建於 16 世紀的加里波底大道 Via Garibaldi 又被稱為新街 Strada Nuova，這裡曾被畫家魯本斯譽為全歐洲最美麗的街道。

這條約二百五十米長的街道，在 16 世紀時進行過大規模改造，工程持續進行了三百年之久。城裡的商人和銀行家富可敵國，鄰近的小國甚至要向他們借貸過活。為了炫耀自身的富裕，當年顯赫的家族及富商們爭相在這條街上置產，建造豪華宅邸，互相攀比。它們見證

了熱那亞最輝煌的年代，和鄰近的巴爾比街 Via Balbi 的四十二棟皇宮建築，完整地體現了當時生活的場景和建築水準，於 2006 年被聯合國教科文組織列為世界文化遺產。

　　然而，城市的另一頭，尤其是靠近海港碼頭那一區，卻又風景迥異。在航海時代，熱那亞熱情迎迓水手們的到來，因此酒吧林立，阻街女郎等特種行業如雨後春筍般紛紛冒出，這些被當地人稱為加魯吉 Garuggi 區的逼仄小巷，骯髒、陰暗，那裡曾是水手的天堂，癮君子的樂土。有些旅人不大喜歡熱那亞，覺得這裡和那不勒斯有些相似，髒亂、壓迫，和最美的街道有著極大的反差。但我覺得，這也就是這座城市迷人的地方，在富麗堂皇的加里波底大道外頭，沒有金碧輝煌的宮殿、洛可可式的建築、百花盛開的露台、雕花的窗景、藝術大師的壁畫、水晶吊燈和絲絨沙發，這一區完完全全體現了當時市井小民生活的實際景況。在這裡行走，可以深刻體會到何謂天壤之別的生活水平差距。雖然如此，這條窄巷卻也隱藏著不少令人驚喜的平民美食，等你發現呢。

· 佛卡夏麵包 Focaccia Barese ：水手們的食物

　　熱那亞人有一句話常掛在嘴邊：你去全世界玩吧，反正出了熱那亞，再無佛卡夏。從這句當地俚語，可以了解佛卡夏麵包多麼讓熱那亞人引以自豪。

　　利古里亞人的早餐桌上，通常會出現佛卡夏這種義大利鬆軟厚實又帶點焦脆口感的麵包。早期，因為物資匱乏，水手們當作存糧帶出海的不外乎乾糧或麵包，還有作為當時船運主要貨品之一的橄欖油，因為本地生產過盛，價格甚至比麵粉還低。水手的母親們會把揉好的麵糰壓平，然後用雙手在麵糰上隨意戳洞，一來是為了讓酵母經熱膨脹後有個出氣口，二來是為了方便讓淋下的橄欖油快速浸入到凹陷處，或是將餡料放在每個洞裡，然後放入烤爐烤好，讓在海上的男兒們方便食用。

　　值得一提的是，以前搭配佛卡夏的還有另外一樣食材，莫夏美 Mosciame ，也就是海豚肉乾。可想而知，水手們出海捕魚，駕輕就熟，往往滿載而歸，漁獲種類甚至包括海豚。後來在全國禁止獵殺海豚後，佛卡夏麵包配料不再用莫夏美，於是改用醃漬鮪魚或金槍魚替代以增

添美味。此外，當地的店家或家裡的媽媽們，也會加上洋蔥、起司、迷迭香、番茄、朝鮮薊或是淋上橄欖油、青醬搭配食用，也就成了我們現在看到的佛卡夏麵包。

佛卡夏麵包到底有多麼受當地人的喜愛呢？在中世紀時期，熱那亞教會曾頒布一條教令，禁止人們在望彌撒時偷吃佛卡夏，因為偷吃麵包是一種褻瀆的行為，如果當場被抓到，便不能領受聖體。由此可知，佛卡夏麵包的魅力真是無敵啊！

在城裡眾多糕點店中，我最愛的就是普里亞諾 Priano。該店從 1964 年開業至今，目前在熱那亞有兩間分店，一直遵循著古老的配方和技術製作佛卡夏。該店的裝潢十分簡單，無論平日或假日總是大排長龍，因為每次出爐的麵包數量有限，第一輪完售後，仍必須等待二三十分鐘左右才買得到。剛出爐的佛卡夏，香軟焦脆，色澤金黃，香氣四溢，多麼誘人啊。特別是我最愛的洋蔥口味 Focaccia alla Cipolla 最為熱門，軟嫩的洋蔥布滿整個麵包，幾乎咬進的每一口都吃得到洋蔥，面皮扎實又有彈性。老闆說這裡的佛卡夏，可是都加入 6% 以上的利古里亞特級初榨橄欖油唷。也因為如此，每一口麵包不但不會有難聞的油耗味，反而有著淡淡的橄欖油香氣，讓我一口接著一口，好吃得不得了。下次你到熱那亞旅行時，千萬別忘了嚐嚐那水手們酷愛的好滋味唷。

Priano http://prianopasticceria.it/prianopaolo/home.htm

· 義大利家庭必備食材：番茄

在義大利有句廣告詞，許多人耳熟能詳：番茄紅了，醫生的臉就綠了。可見，義大利人有多麼熱愛番茄。番茄料理琳瑯滿目，諸如：番茄肉醬義大利麵、披薩上面加番茄糊餡料，蔬菜番茄湯、番茄麵包片、番茄佐莫札瑞拉起司等，不勝枚舉。總而言之，這顆紅通通的果實無所不在，家家戶戶的餐桌上、冰箱裡，一定都有它的身影。

如果你逛過義大利的超市，相信對於貨架上番茄製品之多，肯定叫你咋舌，看得目瞪口呆、眼花撩亂。做肉醬經常使用的番茄醬汁 sugo，做湯底偶爾用到的番茄糊 passata，讓菜餚增色增味的番茄膏 concentrato，連番茄醬都分有剝皮的 pelati 或沒有剝皮的、原粒沒切的或者切成大丁或小丁的……，媽媽咪亞！我懷疑，番茄在一般義大利家庭裡的地位，可能比男人重要吧？

然而，在二百多年前的義大利，人們對於番茄這種植物果實，卻是避之唯恐不及的。1492 年哥倫布發現新大陸後，將原本生長於南美洲的一些植物，包括辣椒、馬鈴薯、番茄等，帶回西班牙，輾轉流傳至義大利半島。起先，義大利人對於這個開著小黃花、藤蔓有股辛辣嗆味的紅色果實十分排斥，退避三舍。因為人民普遍認為它有毒，還稱它為魔鬼的果實。沒想到，出生於熱那亞的小提琴家帕格尼尼 Niccolò Paganini,1782-1840，後來扭轉了番茄的命運。

‧ 帕格尼尼的加農砲：瓜奈里 Guarneri 小提琴

　　帕格尼尼是史上公認最偉大的小提琴家，相信喜愛古典音樂的朋友們，對他絕不會陌生。他十六歲時寫出的小提琴二十四首隨想曲，至今仍是學習小提琴者必修的曲目之一。1829 年，帕格尼尼在華沙主教堂 Warsaw Cathedral 為國王加冕日演奏，當時演奏的曲目為《威尼斯狂歡節》，帕格尼尼用精湛嫺熟的技巧，征服了當時年僅二十歲的波蘭籍音樂家蕭邦。

　　音樂家舒伯特更曾經表示，帕格尼尼所拉出的樂曲，就像是天使在歌唱的聲音。他高超的演奏技巧深刻地影響了白遼士、舒曼、布拉姆斯等音樂家。

　　成名後的帕格尼尼大部分時間都在歐洲各地演出，所到之處必然引起轟動。傳聞在演出之前他絕不露臉，只有演出當天的彩排時才會與搭配的樂團及指揮見面。由於他素來行蹤神祕，所以便有了種種鄉野奇談，說他曾與惡魔交換靈魂，換來高超絕妙的琴技，諸如此類傳說。

　　然而，令後世嘖嘖稱奇的不僅止於他拉琴的技巧，還包括他那把從不離身的加農砲 Cannon。據說，帕格尼尼有一回將自己的阿瑪蒂 Amati 小提琴當籌碼換取賭本，沒想到輸得精光，眼看晚上就要上台演出了卻無琴可拉，束手無策，萬分焦慮。在場的一位法國收藏家及時伸出援手，慷慨借出自己珍藏的瓜奈里小提琴給他應急，帕格尼尼於是邀請這位收藏家晚上出席他的演奏會。想當然耳，當晚的演出十分成功。法國收藏家非常感動帕格尼尼的琴藝，而且發現這把瓜奈里小提琴展現了前所未有的音色，於是在音樂會結束後便將它大方送給了帕格尼尼。帕格尼尼高興極了，向法國收藏家道謝後，看著手上那把琴，愛戀地說道：「從今以後，它就是我的加農砲了。」更讚嘆其音色為真理的聲音。自此以後，有四十年之久，這把琴從未離開帕格尼尼身邊，每次公開演出必帶著它。

　　帕格尼尼對於這把琴自然是保護到家，對於琴的維修也只找信任得過的師傅。有一回，他將此琴交給巴黎修琴名師韋爾勞密 Jean Baptiste Vuillaume 維修，韋爾勞密卻趁機做出一把幾可亂真的仿琴，讓帕格尼尼用肉眼也無從分辨起。所幸帕格尼尼認真仔細地拉了一曲，才分辨出真偽來；他開心地將這把仿琴買下，並送給他最得意的

弟子西佛利 Camillo Sivori。

帕格尼尼於 1840 年過世，家屬遵照其遺囑將加農砲捐贈給熱那亞市，並連同弟子西佛利的那把仿琴也一併捐出。目前二把琴都珍藏在熱那亞圖爾西宮博物館 Palazzo Doria-Tursi, Musei di Strada Nuova-Genoa 中，永遠留在熱那亞。

1954 年以來，熱那亞市政府為了紀念帕格尼尼在音樂上的成就與貢獻，設立了帕格尼尼獎，每年 10 月在熱那亞的卡洛‧費利切劇院 Teatro Carlo Felice 舉行比賽，拿到第一名的音樂家便能在圖爾西宮演奏這把名琴。因此，每年都吸引無數來自世界各地的傑出音樂家參與。

‧ 帕格尼尼的義大利麵餃

帕格尼尼不但琴藝驚人，廚藝更是不得了，他發明了一道料理，讓義大利半島的人放下對番茄的恐懼及害怕，甚至在往後的幾百年裡，義大利人家家戶戶的餐桌上一定有它的存在，那就是帕格尼尼麵餃 Ravioli di Paganini。

從美國華盛頓國會圖書館 Library of Congress 館藏的一本紅色筆記本，可以看到這道料理的食譜內容。這本紅色筆記本是帕格尼尼隨身攜帶的東西，裡面有他當時巡迴歐洲演出的日期、財務支出明細，還有隨手記下的樂譜，另外就是這道食譜的細節。筆記本上面清楚寫道：完成這道料理，須具備三樣核心食材：餃子皮、番茄醬汁和內餡。

在筆記本裡頭記載著和麵粉時不加蛋，所以當時做出來的麵餃，

應該和我們常吃的水餃或是餛飩一樣，是白色的外皮，和現在常看見的黃色外皮大不相同。令人驚訝的是，內餡材料中，除了牛肉、牛腸，竟然還有牛腦。帕格尼尼還在旁邊備註：要是沒有牛腦，用牛的胰臟也可以。看到這裡，讓我冷汗直流，狂牛病不正是從牛腦病變而來的嗎？後來想想，這道食譜可是二百多年以前的啊，那時哪來的狂牛病呢？的確，18 世紀的義大利人經常食用內臟，從佛羅倫斯牛肚包風靡全球，即可略知一二。

言歸正傳。這三樣核心食材中，最重要的就是那紅色的番茄醬汁，必須用新鮮番茄，細火熬煮，煮到醬汁濃稠，且帶有香甜酸味的層次。就是這一味，讓番茄的地位鹹魚翻身，從令人望之卻步、乏人問津的慘況，提升到成為堪稱國民美食料理中不可或缺的食材。

帕格尼尼留下來的麵餃烹飪手法，每一口都可令人深刻體會該音樂家對美食製作的濃濃興趣與熱情。下一回到熱那亞旅行時，除了前往圖爾西宮朝聖那把有名的加農砲小提琴之外，可別忘了嚐嚐這道帕格尼尼發明的料理唷！

· 青醬義大利麵

　　每回到台式餐廳用餐，我最愛的就是料理中的辛香料，香菜、大蒜、老薑、芹菜，它們總是能起著畫龍點睛的效果，讓菜餚大大增添美味。尤其是三杯雞最後撒上的九層塔，真堪稱一絕，少了這味就不叫三杯雞了。在台灣料理中，這些辛香味較重的香料，大部分用來點綴、提香或者去腥；在義大利料理中，有一道菜卻是以香料為主角，那就是青醬義大利麵。青醬中的主材料就是羅勒，和台灣料理中常使用的九層塔氣味很相似，英文是 basil，義大利文叫做 basilico。九層塔的葉子比較細長而且尖尖的，羅勒葉則圓圓胖胖，仔細一聞，香氣略有不同：九層塔味道較強烈，羅勒則相對溫和許多。

　　在西元前五千年左右，印度人發現了一種植物，散發著很濃郁的香氣，他們認為這種植物是圖爾西 Tulsi 女神的化身，因此把它叫做圖爾西草，會專門種植，採集後用來供奉在祭壇前。後來這種植物隨著印度教與佛教在亞洲的傳播，而進入到了亞洲各個地方。

　　羅勒的種子很小，又能保存很久、方便攜帶，隨著當時羅馬帝國的擴張，也就跟著亞洲各地貿易的商人開始向外傳播，最後傳到了羅馬帝國的其他角落，不過，只在利古里亞地區長得最好。

　　香氣四溢但容易萎蔫的美味羅勒，在利古里亞海岸線繁茂地生長，為了能從夏季吃到秋冬季節，當地人便發明了青醬。

　　「全世界最會做青醬的人就屬義大利人，而義大利人中最會做青醬的，就是熱那亞人。」

「我們第一個給寶寶餵的是奶，再來就是青醬了。」

這兩句話是我義大利的朋友跟我說的。他還強調，千萬不要跟熱那亞人開有關於青醬的玩笑，他們對做青醬的態度是很嚴肅的，甚至出了官方版的青醬食譜。熱那亞人製造青醬，除了講究食材內容和分量之精準外，連製作器具都有嚴格的規範，一定得是大理石做的缽，還有一根木頭材質的杵才行。在那個還沒有發明食物處理機的年代，要做這種醬就只能用人工手搗。於是，熱那亞人就用當地方言把這種醬叫做 Pesto，也就是搗醬的意思。

在熱那亞甚至還有羅勒公會，每年都會舉辦世界青醬大賽。來自世界各地的參賽者，必須在限定時間內，用官方版食譜做出美味的青醬，最後由裁判選出勝利者。

讓你猜猜，勝利者可以得到什麼？沒有獎金，也沒有獎盃，世界青醬大賽第一名的獎品是一根木杵，而木杵上面會刻上當屆冠軍得主的名字。聽朋友說，這個比賽從開始舉辦以至於今，冠軍從未離開過義大利。

走在熱那亞的街道上，幾乎每家餐廳皆有販售青醬義大利麵，有間熱那亞人餐廳 Il Genovese，是當地友人特別推薦的。老闆名叫羅伯托·潘尼札 Roberto Panizza，當地人稱他為青醬之王。他在 2007 年時曾舉辦世界熱那亞青醬比賽，而且身兼世界青醬推廣大使的身分。

Il Genovese 餐廳有著明亮的空間，給人一種清新的感覺。餐廳不算大，服務生可以照顧到每一桌用餐的客人。手工自製的麵條極具彈

性，配上利古里亞大區初榨的橄欖油和當地產的羅勒，所製成的濃郁醬汁，包覆著送入嘴中的每一口麵條，在咀嚼的同時，隱約嚼得到細碎的新鮮松子，嘴裡頓時香氣四溢。宛如春天時節，漫步走在地中海海岸線，這舊時的貿易之路上，海風輕輕地吹拂，眺望著前方不遠處山脈下的一片綠意，身心非常舒暢。

在熱那亞，青醬代表的是歷史，是生活，也是藝術。品嚐的每一口青醬料理，都是認識利古里亞大區的線索之一。

Il Genovese 餐廳 https://www.ilgenovese.com/news/

‧ 羅曼尼戈 Romanengo ：熱那亞國王的甜點鋪

　　漫步在美麗的熱那亞市中心，咖啡色木質的建築與灰色的石板路，是我走進這座城市的第一印象。這裡給人一種懷舊的感覺，這昔日繁華的海港城市，有種美人遲暮的滄桑美。特別是彎進小巷弄中行走，觸目皆是容顏漸老，風華不再之景色，令人無限感傷。

　　在巷弄裡閒閒晃晃，突然被一間甜點鋪給吸引住目光：店鋪外頭大理石斑剝的牆面已逐漸泛黃，牆上有著華麗的紋飾，無言地訴說著這間老店的昔日歷史。偌大的玻璃窗，透映出店內的黃色燈光，溫暖又古樸。櫥窗展示著看似美味多彩的甜食，讓人不由自主地推開了咖啡色的木頭門把，想要一窺究竟。

　　服務人員穿著白色圍裙，親切地招呼我們。這裡有我愛的糖漬栗子，真好！還有一種粉紅色和淡紫色的糖果，大小如小拇指節一般。我好奇地想要試吃看看，體會一下它是何種滋味。啊！薄薄的糖衣一入口就融化了，濃郁的糖漿瞬間在我舌尖裡漾開，飄著淡淡的玫瑰香氣，好誘人啊！我的口腔內頓時充滿著濃濃的花香，彷彿春天來臨。好特別，這究竟是什麼糖果啊？

　　服務生端給我一杯熱茶後，耐心地告訴我們關於這間店的故事：羅曼尼戈 Romanengo 是熱那亞現存最古老的糕點店。創始人於 1780年開了這家店，從那時起，產品始終以講究質量著稱，其傳統糕點更是廣受喜愛。

據服務生說，店內最有名的是婚禮糖果。16 世紀的歐洲，在當時皇宮貴族的婚禮上，新人會準備精緻的糖果，送給遠道而來的嘉賓，除了感謝親友出席，更象徵把祝福傳遞下去。一般而言，這樣的小禮物盒會準備五顆糖果 稱之為 Almond：第一顆能夠帶來健康，第二顆代表順利生育，第三顆能獲得財富，第四顆是祈禱快樂，第五顆是但願長壽。這種白色糖果，裡面還包裹著來自西西里島的杏仁。

1868 年，翁貝托一世 Umberto I 王子與薩伏依的瑪格麗塔 Margherita di Savoia 的婚禮上，贈送給賓客的婚禮糖果，就是由這間店所提供的。而在往後的十年間，該店也繼續為皇宮製作糖果，提供義大利統一後的第一任國王維托里奧‧伊曼紐二世 Vittorio Emanuele II 及貴族們食用。在當時，這家店又有國王的甜點鋪之稱號。

這裡的產品遵循季節性而製作，月復一月，提供不同的甜食：春天提供的是糖霜和美味的玫瑰糖漿，或是紫羅蘭花瓣；秋天則是糖漬栗子，和果乾蜜餞，以及杏仁糖。「對了，你剛剛吃的糖果就是玫瑰糖漿。」服務生一邊娓娓道來，不忘解開我剛剛的困惑。

在以前，糖果單單提供給貴族享用。他們會用精巧的銀製盒子，將玫瑰糖漿及紫羅蘭花瓣放在小銀盒裡頭，隨身攜帶，供外出時食用。隨著時代變遷，當時價格昂貴的糖果，如今不再僅是貴人們的零食，平民百姓也吃得起了。服務生說，他們的店也是第一家開放給平民百姓購買的糖果鋪喔。這家開設了二百多年的糕點店，隨著羅曼尼戈家族第八代老闆的承襲和延續，其精湛的工藝和精心挑選的原材料，仍

然是義大利卓越品質的標誌和保證。

　　原來不經意路過的小店，可是大有來頭呢。我看著服務生親切卻又略帶得意的臉龐，可以想見能在這間擁有悠久歷史的店鋪工作，是件多麼令人感到驕傲的事情，真是與有榮焉！意外地來到這裡，我也挑選了自己最愛的糖漬栗子，以及貴族的小糖果，當成這次旅行的伴手禮。

　　在這個瀰漫玫瑰花香氣的午後，小小的糖果滿載著幾百年的歷史。在往後，當我看到玫瑰盛開時，我的記憶裡，應該也會飄散著熱那亞淡淡的花香氣息吧⋯⋯

Romanengo 糕點店 https://www.romanengo.com/en/home-page-en/

第四章

艾米利亞－羅馬涅大區
Emilia-Romagna
延續古羅馬文明的輝煌

艾米利亞－羅馬涅大區，看名稱便可知道，是由兩個不同區域合併而成。本大區的美食種類和食材本身都非常多元，絲滑且充滿蛋香味的蛋黃義大利麵就是產於這裡。科馬基奧 Comacchio 的鰻魚更是老饕們的最愛，帕爾瑪 Parma 著名的生乳酪令人垂涎欲滴。而首都波隆那，則有全世界最古老的大學、紅色磚砌的漂亮房子，自古也因為食物太好吃，讓造訪的人很容易變成胖子，所以又有著胖子之都的稱號。

一、費拉拉省 Ferrara

🥚 1. 科馬基奧：鰻魚之鄉

· 梅特涅難忘的美味：煙燻烤鰻魚

「叩叩叩……，叩叩叩……。」下午時分，服侍梅特涅 Metternich 的管家敲門後進來，準備替他打理服裝。因為今晚在霍夫堡歌劇廳 Hofburg-Redoutensaal 有場貝多芬 Ludwig van Beethoven 的首演，這是音樂家受命為前來參與維也納會議的王公貴族們創作的清唱劇 Kantate。

「聽說今晚有超過一千名的音樂家參與演出。」管家一面說著，一面替當時奧地利親王打理著領結。

「唉……，這會議太漫長了，不知不覺都幾個月過去了。除了音樂會，還有舞會、賽馬……，法蘭茲（指 Franz I，時任奧地利國王）可真是樂此不疲啊，難怪前兩天夏爾·約瑟夫 Charles Joseph Fürst von Ligne（時任奧地利陸軍元帥暨外交官）才說：『大會在跳舞，卻未向前進。』 le Congrès ne marche pas , il danse.」

「可不是嗎？維也納一下子湧來各國的貴族，他們每天閒著沒事，只有宴會享樂，每晚倒掉的香檳跟炸肉排不知能餵飽聖司提反大教堂 Wiener Stephansdom 旁的多少窮人呢。」管家一邊替梅特涅梳理著頭髮一邊說著。

「今天一早從科馬基奧送來了四大桶煙燻烤鰻魚……，對了，這是當地領主的書信。」管家將其遞上。

「啊……這難忘的美味啊！上回造訪維洛納時，就是這道鰻魚料理，鮮嫩肥美，做得真好。」

「明天交代廚房，做炸鰻魚及鰻魚湯……」

「不過，這些羅曼尼亞人憑這四大桶鰻魚，就想脫離教皇國的管轄，取得地方自治權，他們也太異想天開、太天真妄想了吧？」

「義大利國根本不存在，充其量只是個地理名稱罷了！……」

梅特涅說完便將書信放進抽屜裡，然後拿起帽子，拄著拐杖，邊說邊往門口走去。

管家在馬車邊伺候著，他知道今晚在霍夫堡歌劇廳又有一場華麗的盛會將上演。

這場對話，發生於 1814 年的 11 月的奧地利，維也納會議 Der Wiener Kongreß 期間。

· 科馬基奧鰻魚的一生

沒錯，讓梅特涅念念不忘的就是來自義大利羅曼尼亞潟湖區，科馬基奧所產的鰻魚，距離威尼斯大約一百公里左右。這裡鮮少有遊客造訪，卻是老饕一定會找上門的地方。當地居民大都以開鑿運河、捕魚和鰻魚加工為生，所以這裡又有鰻魚之鄉及小威尼斯之美稱。

　　這些在海裡出生的鰻魚，長到三歲左右便會洄游到大河流的三角洲區域，在淡水中度過生命中大部分的時間。成熟的鰻魚，穿越過嚴峻寒冷的沼澤，最遠游向大西洋，橫越到墨西哥灣；此時牠們的顏色會從黃色變成銀白色，並且開始努力進食，為繁殖下一代儲存能量，進而抵達海中產卵。直到八至十歲時才又回到海洋中，每年的 11 月至 12 月底，便是鰻魚開始洄游的季節。為了捕獲成熟肥美的鰻魚，聰明的漁夫會使用蘆葦製成複雜的陷阱。這陷阱形成一個溫暖的環境，既能讓幼鰻安全通過，回到科馬基奧的沼澤，又能捕獲跟幼鰻一起經過的成熟鰻魚和其他魚種，以豐富當地人的食材。

　　在多霧的酷寒冬夜裡，漁夫在滿月照映下，靠著微微月光 因不能使用人工照明，怕驚嚇了鰻魚 ，將鰻魚從陷阱中取出。這些被捕獲的鰻魚通常有兩種命運：一是被運送到威尼斯的里奧托市場上販賣，二是當場加工醃製。在義大利北部，維洛納與威尼斯附近城鎮，更是把鰻魚搭配玉米糕一起食用。在義大利有些地方，鰻魚甚至是聖誕夜必吃的菜色。因為鰻魚在傳統文化中被視為魔鬼的化身，所以在佳節盛宴上吃鰻魚，也有趨吉避邪的意涵。

　　另外，鰻魚在文藝復興時期也是十分熱門的食材。當時的散文家賽爾米尼 Gentile Sermini 曾記載：「把鰻魚去皮後切塊，浸漬在石榴與橘子汁中，然後用大火煮魚串。」由此可知，鰻魚在義大利從古至今一直很受歡迎。

　　在這寧靜的小城玩了大半天，怎麼能錯過當地的鰻魚美食呢？找了一間專門做鰻魚料理的餐廳，好好享用吧。Antica Trattoria La

Barcaccia 這家店在當地小有名氣，價格親民，分量卻十足。

我點的第一道料理為茄汁燉鰻魚：將烤鰻魚搭配威尼斯的玉米糕，淋上酸酸甜甜的番茄醬汁吃，鰻魚鮮嫩不柴口，三者十分對味。此外，老闆極力推薦這裡的招牌，就是眼前的這道油炸鰻魚。在義大利其他地方，鰻魚的食用方法是去頭尾和魚骨後，再把鰻魚皮也去掉，只留下一片乾淨的魚片，再將處理好的魚片調味，裹著麵粉炸著吃。然而，這裡的油炸鰻魚可是不裹粉就直接油炸的，非常特別。

還有一道料理，俗稱小提琴鰻，就是將鰻魚直接在炭火上串烤。因為烤出來的形狀像極了小提琴，故又有這樣的美名。

我不得不說，這裡產出的鰻魚又肥又大，而且完全沒有土腥味。聽餐廳老闆說，很多愛吃鰻魚的客人，常常會專程造訪，只為一嚐那心中的美味。

下回旅人到了科馬基奧旅遊時，可別忘了嚐嚐這好滋味唷。

二、帕爾瑪省 Parma

1. 帕爾瑪火腿：入口即化的美妙滋味

這個在西元前 100 年左右就有文獻紀錄的古老食物，因為帕爾瑪地區特殊的自然環境條件，使得幾世紀以來純正的帕爾瑪火腿受到眾多美食家所讚譽。

Prosciutto 一詞，是義大利統稱的火腿，但只有來自義大利北部的羅馬涅地區或帕爾瑪南部山區托雷基亞拉鎮 Torrechiara 出產的，火腿外皮上蓋有小皇冠烙印 Prosciutto di Parma 的，才是正宗的帕爾瑪火腿唷！

・ 傳統正宗的製作工序

正宗法定製造的帕爾瑪火腿，通常平均需要近二年的製作時間，傳統正宗的製作方式必須經過多道繁複的工序：

豬種限制

在帕爾瑪地區用來製作火腿的豬種有著嚴格要求，早期規定只能使用義大利特有的杜洛克 Duroc 豬，後來因應環境及供需的改變，又加入了英國長白豬、大白豬等品種。

小豬在受到法定授權的養殖場中進行飼養，只能被餵以純天然的穀物及飼料還有乳清，每隻小豬要養足九個月，重量達到一百五十公斤以上才能進行火腿的製作。

鹽醃

根據帕爾瑪法定火腿協會的規定，任何非自然添加物是不被允許的，例如色素、硝酸鹽和亞硝酸鹽以及任何化學添加劑等，只能使用天然海鹽進行豬腿的表面塗抹。塗抹完後掛在攝氏一至四度的環境內，濕度維持在 80% 左右，被冷藏放置約二至三週的時間，依豬腿重量而不等。

懸掛

在進行第一道鹽醃工序之後，此時火腿表面多餘的鹽巴會被去掉，然後對火腿進行第一次的質量篩選。通過檢驗合格的火腿會被第二次抹上鹽巴，放置在另一個溫度維持在攝氏一度、濕度為 75% 的室內懸掛上約七十天。此時肉的顏色會變暗，但在最後熟成的幾天裡又會轉為其原有的紅潤顏色。

沖洗和風乾

用溫水洗淨火腿，並清除多餘的鹽巴和雜質，然後在風乾室裡懸掛數天，待其乾燥後放入熟化室。

初熟成

在熟化室中，火腿至少需要再經過三個月的熟化等待。但這一次，溫度和濕度不再是人為可以輕易掌控的，通風良好的房間裡，有來自利古里亞的海風會決定火腿將如何被熟成。也正是因為如此，每一款正統的帕爾瑪火腿，味道都會有著獨一無二的風味，各有些許不同。

潤滑

經過大自然餽贈的洗禮之後，火腿表面會被塗上些許的豬油、鹽巴、胡椒及一些磨碎的米，這個步驟是使皮肉因為有著些許的潤滑不至於太快乾燥，也可以防止在熟成過程中火腿皮肉分離。

最終熟成

最後火腿被轉移到空氣稀薄、光線微弱的地窖中，直到完全熟成。

整個醃漬風乾熟成的過程，持續至少將近五百天的工序。法律規定帕爾瑪火腿的醃製時間至少要有一年 從鹽醃時開始算起 ，有的甚至被醃製長達三年。等待火腿完全乾燥後，其重量會減少到只有原來的四分之一。

烙印

帕爾瑪火腿受到歐盟法定產區的保護和製造規範。由一個獨立的認證機構，在每條火腿的幾個關鍵製造點，品管人員都會使用一種多孔馬骨做成的針刺進火腿裡，而後在通過所有的法定質量測試後，最後火腿就會被烙上帕爾瑪火腿協會授予的皇冠官方標誌。所以旅人們，只要挑選有小皇冠標誌的，才是真正的帕爾瑪火腿！

頂級純正的帕爾瑪火腿至少要有九公斤以上的重量，色澤呈現粉紅玫瑰般的粉嫩，切片後帶有油花的透視感，脂肪入口即化，口感細緻，是旅人們不可錯過的美味唷！

二、波隆那省 Bologna

1. 波隆那：莫蘭迪色的城市

波隆那，是艾米利亞－羅馬涅大區的首府，也是農產品集散地，城內的主廣場充斥著文藝復興時期的宮殿、海神噴泉、哥德式教堂等建築。走在廣場前的石板路上，古老歲月的風華盡收眼底。這裡有著全歐洲最古老的大學，在文藝復興時期，它是全義大利唯一一所頒給女性大學學位的城市。黑死病在全歐洲蔓延之時，全城高達三萬多人亡歿在這場疾病中。有人說波隆那是紅色的，但除了紅色之外，我覺得這座城市充滿濃濃的莫蘭迪 Giorgio Morandi 色的油畫色調，綠灰色、土黃色、土紅色的建築外牆，給人一種內斂、敦實的感覺，當陽光灑進城內，既明亮，卻也淡雅。

· 波隆那大學 Università di Bologna

波隆那大學建於 11 世紀，在當時以法律和醫學專業著稱。1988年，歐洲四百三十所大學校長共同簽署的歐洲大學憲章中，記載著波隆那大學是歐洲的第一所大學。在文藝復興期間，它也是義大利境內，唯一一所容許由女性擔任專業職位和獲取大學學位的學校。

· 聖路加拱廊 Portico di San Luca

聖路加拱廊是世界上最長的拱廊，從波隆那市中心一路通過六百六十六道拱門之後，便可以到達位於山上的聖殿，聖路加的聖母朝聖地，全長約四公里。這些大量的廊柱，是中世紀時期，為了解決日益增長的人口住宿而規劃的：在當時，並非人人都有房子住，城中多得是居無定所、貧窮困苦的人們，為了讓這些人免去日曬雨淋，也為了方便管理，遂修建了這樣的拱廊型騎樓。在一道道的拱門延伸下，形成了一條全天候的行人走廊。這段陪襯在城內建築群中的美麗門廊，讓這座城市又有廊柱之城的美名。

· 雙塔 The Due Torri

鐘樓 Campanile 在義大利的各個城鎮中有著舉足輕重的地位，當時如果城市地形無法建造城堡，便會蓋起高高的鐘樓，作為防禦敵人的建築之用，在 11 至 13 世紀期間，波隆那城內曾多達一百八十餘座防禦塔，後來漸漸演變成當地貴族們，彰顯自家財力雄厚的象徵。各大家族為了顯示權勢，紛紛建起一座又一座高塔，哪家防禦塔修得高、修得快，哪家就能統治波隆那。在當時，有兩家勢均力敵、財力相當的貴族，阿西尼利 Asinelli 和加里森達 Garisenda 家族，雙方為了爭奪領導權，因而彼此競造。在這場競爭中，加里森達家族欲速則不達，因為鐘樓的基座不牢固，終致倒塌，建築體僅殘留下四十八米。結果，

阿西尼利家族最後勝出，獲得該城市的領導權。

　　有別於義大利其他主要為大理石建築的城市，這整座由紅磚、砂岩混合建造的城市建築群，始終為波隆那帶來些許舒暢的暖意。儘管在幾百年的漫長歲月裡，波隆那的塔斜了，人走了，景變了，但唯一不變的是，那空氣中瀰漫的文藝氣息，每當微風輕拂時，依舊存在於這座城市中……

2. 波隆那沒有波隆那義大利麵

· 什麼麵配什麼醬料不能馬虎

　　波隆那人自古以來很講究美食，因此有胖子之城的稱號，意思是造訪這座城市的人，因為食物太好吃了，所以很容易變成胖子。而其中最讓旅人心往神馳的，就屬於波隆那肉醬義大利麵這道料理了。

　　然而你可知道，在波隆那，根本沒有所謂的波隆那肉醬義大利麵？

　　義大利麵的種類非常多，圓的、扁的、寬的、細長的，甚至有其他特殊造型的，每一種都有它專屬的名字和源自與流行的地區。哪一種形狀的義大利麵該配什麼樣的醬料，在義大利傳統餐廳裡可是不能馬虎的。一般市售的義大利麵，我們習慣統稱為 Pasta。其概念好有一比，例如：台灣有種小吃叫做肉圓，通常南部販售的肉圓以蒸的方式居多，中部以北賣的肉圓則以油炸為主，做法不同，形態與醬料也不同，但在台灣皆統稱為肉圓

　　所謂的 Spaghetti 是義大利麵的類型之一，長得跟台灣黃油麵很像，都有著細細、圓圓、窄窄的身形，這種義大利麵誕生於南義大利的西西里島。至於北義大利的波隆那，其所盛產與流行的義大利麵形式，稱作 Tagliatelle，身形寬寬、長長的，很有嚼勁。所以，在波隆那地區，大多數餐廳都是販售 Tagliatelle 而非 Spaghetti。在波隆那地區的義大利肉醬麵，就一定要搭配 Tagliatelle 這種寬版義大利麵。別看義大利人隨性、樂天，對於吃，他們的的態度可是斤斤計較的，北義

大利的肉醬，就只能搭配北義大利盛產的麵。如果你在波隆那的餐廳，點 spaghetti al ragù 或 spaghetti Bolognese，那可是會遭服務生白眼的唷。

然而，切勿小看廚師的這類堅持，因為其中自有道理：Tagliatelle 麵條相對比較寬、比較厚，的確更容易吸附多一點肉醬汁，吃起來不僅口感較好、扎實，味道也濃郁許多。

說到這裡，有些朋友也許會反問：如果麵條和波隆那沒關係，那加入麵條裡調味的肉醬呢？

義大利肉醬 meat sauce 的義大利文是 Ragú，文獻中最早的 Ragú 食譜，可以回溯到 18 世紀末。當時，每家有每家的祕方，在媽媽的廚房裡，一代一代地傳承下去。每個地區有屬於每個地區的肉醬麵，基本上，加入牛肉、洋蔥、番茄糊或其他香料來調味，又或者加入煎好的雞肝及鮮奶油，讓口味更滑順。有錢的家庭，在盛盤前甚至會加上乾的牛肝菌，或是在松露盛產期間，會在上桌前刨上幾片新鮮松露。以上這些都是屬於各個地區與家庭的義大利麵做法，和波隆那一點關係也沒有。

· **波隆那市長梅羅拉在推特上打假消息**

有趣的是，波隆那市長梅羅拉 Virginio Merola 2019 年某一天終於忍不住在自己的社群網站上發布一則消息：

「因為一個不是源自本市的菜馳名全球非常奇怪，對於這道菜讓人們注意到本市雖感到開心，但若是以傳統烹飪的食物聞名海外會更開心。」

梅羅拉市長所指的料理，就是波隆那義大利麵 spaghetti Bolognese。

所以，下次到波隆那旅行，若想吃義大利肉醬麵，要記得點 Tagliatelle al ragu Bolognese，而非 spaghetti Bolognese 唷。

3. 義大利美食樂園 FICO Eataly World

2017 年，義大利高價食品超市 Eataly 在波隆那，開設了全世界第一間義大利美食樂園 FICO Eataly World。看到盛大開幕的報導，瞬間抓住了身為愛吃鬼的我之注意力。波隆那！好久沒有造訪了，是該回去看看，順便朝聖一下這座美食樂園！由於該樂園位於郊區，當地

居民大都是自行開車前往。不過,在波隆那的中央車站,有 FICO 專屬的接駁公車,只要三十分鐘即可抵達,來回的車票是七歐元。很棒的是,進入 FICO 不須購買門票,就算沒有消費,也可以自由參觀。

FICO 美食樂園主打從產地到餐桌 From Farm to Fork 的概念,讓消費者可以清楚看見食品的生產過程,這項創舉在業界引起很大的迴響:沒想到食物也可以這麼有趣、這麼好玩!整個園區占地達十幾公頃,除了販售高檔的義大利食材之外,還有農場、果園和牧場以及四十多家來自義大利各個省份的餐廳。消費者如果擔心體力腳程負荷不了的話,園內還提供了義大義歷史最悠久的自行車品牌比安奇 Bianchi 腳踏車,讓消費者可以騎著單車輕鬆逛園區。

走進琳瑯滿目的購物區,販售著葡萄酒、起司、肉品、蔬菜、麵條、海鮮等食材。另外,米其林大廚使用的 Ruffoni 銅製鍋具以及 Alessi 餐廚設計等,在這裡也都看得見。除了買不完的義大利高品質食材以外,這裡還有體驗課程,例如:如何製造橄欖油、甜點烘焙、品酒、手工義大利冰淇淋,或是如何拍出美美的食物照片等,超過五十種相關課程,讓來訪的旅人,無論是大人或是小孩,都不會無聊。

有意思的是,園內還放養了超過二百多隻動物,包括小豬、綿羊、兔子、雞、鵝、牛等各種家禽家畜,還備有多國語言導覽,在玩樂之餘也能寓教於樂。如果逛累了,就從四十多間餐廳中隨便挑一個,放心!能夠進駐到這裡的餐廳,絕對是義大利萬中選一的品牌,不用擔心踩雷。

在 FICO 美食樂園內的餐廳，有一個很大特點，那就是：這裡全都是開放式廚房，你可以看見現場師傅當場擀麵條、做肉醬。讓消費者看得一清二楚，食物送到餐桌前，是如何被製作完成的。

這裡每到假日，總是人山人海。除了有樂園，所在地附近的居民帶著一家大小採買家用備品與用餐外，也吸引愈來愈多觀光客造訪。在樂園裡，除了能大快朵頤，還能大飽眼福。

FICO 美食樂園建立了周遭的小型生活圈，除了採買、用餐，還提供一家大小皆宜的遊憩去處。在這裡，足足可以花上一整天，都不覺得無聊呢。

四、摩德納省 Modena

1. 帕沙米可醋：餐桌上的貴族

‧ 德意志國王要求的貢品

西元 11 世紀時，某位傳教士所撰寫的一部描述摩德納地區貴族生活的書提及，1046 年德意志國王途經摩德納貴族的領地時，要求領主向國王進貢。然而，這位國王向貴族要求的進貢品並非什麼金銀寶

石，而是該地盛產的帕沙米可。這是目前文獻紀錄中，最早有關摩德納帕沙米可的資料。可想而知，在當時連強大的德意志國王都想擁有的東西，該有多麼珍貴！

當時摩德納的帕沙米可被當作餐前飲品喝，也是做菜的調味料之一，在更早前也曾被當作珍貴的藥材，用來預防腸胃疾病，增益健康。另外還有一種有趣的傳聞，說：「某天，一位粗心的釀酒工人，將一批原本該裝罐的葡萄酒遺忘於橡木桶中，待他想起時，發現葡萄酒已經發酸，而這美麗的意外成就了人類的第一瓶醋。」無論帕沙米可的由來為何，這時光濃縮而成的美味，成了餐桌上的貴族。

為維護義大利帕沙米可的歷史文化與傳統，義大利摩德納陳年醋業公會於 1979 年成立，陳年葡萄醋受到法律的保障，產醋的莊園必須依照傳統的方法製造，並且符合一定的品質標準，才能以此命名。

‧ 來自摩德納的驕傲：繁複的釀造工藝

傳統巴薩米克醋受原產地名稱保護制度 DOP 認證，只有產自義大利摩德納市的傳統香醋 Aceto Balsamico Tradizionale di Modena, ABTM 與雷吉歐‧埃米利亞市的傳統香醋 Aceto Balsamico Tradizionale di Reggio Emilia, ABTRE ，才能受地理標示保護制度 IGP 認證，並且只能使用特雷比亞諾 Trebbiano 或蘭布魯斯科 Lambrusco 等當地產的葡萄榨汁熬煮製作。經過二次濃縮的新鮮葡萄汁，以攝氏九十度熬煮二十四小時，耗掉約三分之一的水分。熬煮過程中葡萄汁液的糖分與酸度提高，從而得到果香濃郁的濃縮葡萄汁，爾後將這些葡萄汁液裝進木桶內釀造發酵，配合木桶香氣的陳化，水分因蒸發作用不斷減少，最少要於木桶內放置熟成十二年以上。

在熟成過程中，每一至兩年須更換不同種類的木桶，愈換愈小。木桶種類依製造醋莊而定，只能使用橡木、櫻桃木、桑樹木、杜松木等六種限制性木材，每年隨著氣溫、濕度的變化會蒸發流失約 10% 至 15% 不等的醋。為了維持醋桶內四分之三滿的醋量，到了冬天便要進行新醋添桶，如此循環直到第十二年，經過當地醋業公會的品醋人員抽查，進行矇瓶審查合格後，才能使用標準法定下方上圓的醋瓶包裝，並將年份顯示於標籤上。摩德納的醋可分為十二年白標與二十五年金標，雷吉歐‧埃米利亞則是以紅標代表十二年、銀標代表十八年、金標代表二十五年來做區分。

目前摩德納地區僅存三百多家百年醋莊，隨著年輕人外移到大都市工作，再加上每年每個醋莊法定生產的數量有一定的限制，醋莊微薄的收入已經無法負荷經營者的需求。現存的醋莊大都由家族共同經營，他們辛苦維持著這百年的傳統，這義大利人的驕傲。旅人們如果到了摩德納地區旅遊，可以抽幾個小時的時間，提前預約參觀百年醋莊，熱情的義大利人會詳細地為你解說這珍貴的帕沙米可由來及製造過程，並在參觀結束後提供試喝，讓旅人們可以清楚地感受到這滴滴珍貴的佳釀，有多麼滑順可口，無論是拿來拌蔬菜沙拉、海鮮或是牛排、起司、水果，甚至是冰淇淋，都十分合適。

Villa San Donnino 醋莊 http://www.villasandonnino.it/

第五章

托斯卡納大區 Toscana
如果迷路，我希望在這裡

以旖旎的田園風光與豐富的人文歷史聞名全球的托斯卡納，綿延起伏、層層疊疊的山丘，是大自然渾然天成的畫布。

如果迷路，我希望在這裡……看過電影《托斯卡納豔陽下》的人，對那一幕想必不陌生。這兒的人們生活在一種安逸而平靜的生活節奏中，這兒的美，的確讓人連在這裡迷路都成了心甘情願的事。

托斯卡納是義大利文藝復興的重鎮，洋溢著文藝氣息的佛羅倫斯，充滿綠意的基安蒂 Chianti 酒莊區，這裡也是詩人但丁和音樂家浦契尼的故鄉，文化和物產十分豐饒，當地的居民和土地有著根深柢固的連結。除了美麗的鄉間景致之外，還有許多令人垂涎的美食，食材繁多豐美，隨著四季更迭變化，與大自然相互呼應。每個季節的當令食材，往往決定著每日餐桌上的料理。此區的料理多為樸素不花俏，佛羅倫斯人尤其喜愛炭火燒烤的料理手法，佛羅倫斯牛排、牛肚包更是饕家們的最愛，不勝枚舉的葡萄園、油坊、酒莊等，是熱愛美食的旅人，不容錯過的好地方。

一、佛羅倫斯省 Firenze

🔘 1. 佛羅倫斯的大衛

每塊石頭裡都有一尊雕像，雕刻家的任務就是讓它們從石頭裡解放出來。

——米開朗基羅

· 卡拉拉礦石場：胚胎期的大衛像

「喫喫喫……，喫喫喫……。」在義大利托斯卡納大區中部的卡拉拉 Carrara 礦石場，一群工人正拿著鋸子，灰白色的粉塵似煙霧迷漫地飄散在空氣中。

「好了，叫他們別鋸了。」米開朗基羅對身旁的工頭說道，「阿戈斯蒂諾 Agostino di Duccio，真是個蠢蛋，這裡那麼多塊石頭，他偏偏選了一塊沒有血色的、毫無靈魂的，這塊送給我當墓碑我還嫌棄呢。而且好好的一塊石頭，他卻在雙腳那裡給它鑿了個大洞，是昨晚喝的酒還沒清醒嗎？」米開朗基羅一邊看著眼前的石堆，一邊對身旁亦步亦趨跟著的工頭不斷地發著牢騷。

也是，阿戈斯蒂諾並不像米開朗基羅那樣慧眼獨具，能夠一眼看出每塊石頭的特質。在當時，卡拉拉所生產的大理石，無論是在韌度、硬度及乾淨度上都頗具盛名，特別是色澤溫潤、質地飽滿，是文藝復

興時期很多藝術家的首選。

「大夥都停下來吧。」工頭大聲地對眾人喊著，「聽說佛羅倫斯大教堂的大衛像由大師來接手，那個大洞該怎麼填補呢？」眾人議論紛紛地望向眼前這位文藝復興的偉大藝術家米開朗基羅。

「達文西還真是聰明，看到阿戈斯蒂諾做的蠢事，搖搖頭便離開了。現在可好了，爛攤子只能由我來接手……。」

1501 年，米開朗基羅二十六歲，剛完成聖彼得大教堂裡的作品《聖殤》Pietà 沒幾年。《聖殤》的成功讓他聲名大噪，愈來愈多人拿他跟當時已站在巔峰的達文西相提並論，王不見王的兩人，常常相互競爭也相互輝映，於是在被達文西拒絕後的佛羅倫斯大教堂，便重金禮聘米開朗基羅，來接手這個被藝術家阿戈斯蒂諾給放棄的作品大衛像。

1412 年，早在米開朗基羅出生前的六十三年，佛羅倫斯官方早就與藝術家唐納太羅 Donatello 簽訂了合約，目的是為了聖母百花大教堂製作新的大衛像，比唐納太羅在四年前完成的青銅大衛像更巨大，因為那是準備要安放在大教堂屋頂的。唐納太羅收取了訂金，也到了卡拉拉礦石場物色好了大理石，連草圖都畫了，但因為當時唐納太羅的聲勢如日中天，案子應接不暇，所以遲遲沒有動工。在合約簽訂後的五十二年，年邁的唐納太羅向佛羅倫斯官方提議，由他的學生阿戈斯蒂諾來替他履行這份合約。也是，要一位高齡七十八歲的藝術家爬上鷹架，那也太折騰人了。

後來阿戈斯蒂諾從卡拉拉礦場選了一塊近九公尺高的巨石，前前後後花了大約半年的時間，一路上使用了牛車和平底船，一夥工人費盡

九牛二虎之力，終於將這塊大理石浩浩蕩蕩地從礦石廠運抵佛羅倫斯。

　　據說阿戈斯蒂諾雕塑了頭部與四肢的雛形，但有天卻在腳部的位置，鑿了個大洞。這下可好了，不知該如何補救的他，拿了訂金卻拍拍屁股灰塵走人了，留下了殘缺的大衛像。當時沒有人可以補救這個燙手山芋，也也許是被刻意遺忘了，當佛羅倫斯大教堂官方再次想起它時，已是三十五年以後的事情了。由於達文西的揚長而去，促使很多人慫恿米開朗基羅接下這個案子，也許在他心中，這是跟達文西最好的挑戰。

　　然而，為什麼佛羅倫斯人就這麼偏愛大衛呢？明明已經有一尊唐納太羅的大衛像了，不是嗎？

· 大衛 VS 巨人歌利亞

舊約聖經《撒母耳記上》記載，大衛年少時經常替父親照管羊群，為了保護羊隻不受野獸襲擊，練就一身投石的好本領。當以色列國王掃羅的軍隊與非利士人對峙時，大衛奉父親之命給在前線作戰的哥哥們送食物去，正好聽見敵軍中的巨人歌利亞向以色列發起挑釁，辱罵上帝耶和華。獲得掃羅王允准後，這個牧羊時就曾經擊殺獅子和熊的年輕人大衛，勇敢無懼地向歌利亞走去。他說：我來攻擊你，是奉萬軍之主耶和華的名。接著突然從袋裡掏出一塊石子，用盡全力將投石帶一甩，正中歌利亞的眉心，巨人應聲倒地。大衛跑過去，拔出對方的劍，砍下他的頭。少年大衛成為了拯救以色列人民的英雄，受到人民的愛戴，最後並成為國王，統治以色列。

這個故事在文藝復興時期非常受歡迎，因為大衛雖然年輕卻敬畏上帝，有信心，有勇氣，而且臨危不亂，敢於對抗強敵。這樣的精神，對於當時鄰近城邦的競爭與強敵環伺衝突不斷的佛羅倫斯人而言，是一種莫大的鼓舞。這也就是大衛之所以被佛羅倫斯人如此看重的原因。

· 米開朗基羅的大衛：最俊美的男性人體雕像

米開朗基羅很爽快地接下這份合約，他唯一的要求是在大衛像尚未正式完工以前，不准有人窺視。大教堂官方於是命人在大理石四周圍架起層層布簾，杜絕閒雜人靠近。之後，大師便開始夜以繼日地埋

125

首工作。二年後，這個被譽為古典藝術史上最具雕塑典範的大衛像，終於來到了完工揭幕的那一天。米開朗基羅神采奕奕地走向布幕，當揭開布簾的那瞬間，四周驚聲連連！這座高達 5.17 公尺，重約六噸的大衛像，長相俊美，肌肉結石，從容的神情、蓄勢待發準備迎戰的表情，無不讓在場的官員瞠目結舌、讚不絕口。

就在此時，有位官員說話了：「這巨大的大衛要如何放上大教堂屋頂呢？是啊，以當時的技術，要將這巨大的大衛像吊上屋頂擺放，是絕無可能的。若然，那完美的大衛像該放在哪裡呢？這又掀起在場官員們的一陣討論。

「領主廣場 Piazza della Signoria 如何？」

「還是放在梅蒂奇宮 Palazzo Medici Riccardi ？」

「不然，傭兵走廊 Loggia dei Lanzi 也不錯！」

……

大夥你一言、我一句，像群麻雀唧唧喳喳、議論紛紛，卻沒個定論。最後行政首長索德利尼 Pagolantonio Soderini 說話了：「代表佛羅倫斯的大衛，當然是要放在市政廳領主宮 Palazzo Vecchio 大門啊。」

「是啊，原本唐納太羅的那尊可愛的大衛就是擺放在那裡。」

米開朗基羅點點頭：「好吧，就是那裡了。」

「可還有一個問題，要怎麼搬運呢？」

在場的某一官員又提出以上問題，立刻又引起了一番激烈的討論。要把五公尺多高、重達六噸的大衛像，從大教堂的工作室，搬移

到十分鐘步程以外的市政廳，要如何完成？於是米開朗基羅和工作室的弟子們，先用木架子將大衛像固定在木板上保護起來，然後在板子底下放置了圓形的木頭車輪，慢慢地往前滾動，找來四十幾個人，花了四天，才將大衛像安全地護送到市政廳的門口。途中還因為大衛像太巨大了進不去，因而拆掉了城中的幾個拱門呢。

揭幕那一天，所有佛羅倫斯人民滿心期待地來到廣場，圍的密密匝匝的。當米開朗基羅站在民眾面前，一臉興高采烈又驕傲地掀起布幕時，「哇！……」在場民眾無不抬頭仰望他們心目中的大衛，有人讚嘆，有人驚呼。此時有個孩子卻抬頭轉向身旁的媽媽，問說：「為什麼他沒穿衣服啊？」

頓時，孩子身旁的民眾開始七嘴八舌談論著：「對啊，怎麼沒穿衣服？而且他的鼻子好大……，是不是鬥雞眼啊？比起唐納太羅的好像不大好。」

被官員層層圍住的米開朗基羅似乎沒有聽到民眾的竊竊私語，還對身旁的行政官員說：「大衛早已經在裡面了，我只是去除多餘的部分而已。」

後來這尊俊美的大衛像，引起不少民眾的負面質疑：

「他就這樣一絲不掛地佇立在人來人往的市中心，有礙觀瞻啊，婦女的眼睛要往哪裡看啊？」

行政官員每天都接到民眾投訴，迫不得已，大衛像一度被迫穿上由二十八片銅片製成的無花果樹葉裙子，遮住下半身的重點部位，也

曾經被貼上金箔葉子，聽說有一度頭頂還被戴上金製桂冠呢。甚至某天夜裡，有個醉漢還拿石頭丟向大衛。命運乖舛的它，在某年暴動中曾被醉漢敲壞左腳趾，甚至在某個大雨磅礴、雷電交加的夜晚被雷擊中。命運如此波折的大衛像，最終為了安全起見，被佛羅倫斯官方移置到現今的佛羅倫斯美術學院畫廊 Accademia delle Belle Arti di Firenze 內。目前，無論是在米開朗基羅廣場中央，或市政廳的大門前的大衛像，都是官方另外找藝術家複製的。

這尊雕像被譽為西方藝術史上最值得誇讚的男性人體雕像之一，優雅的面容，強壯而結石的體態，精巧勻稱的刻紋，從容的神情，在在顯示了米開朗基羅在雕刻過程中，對人體的讚美與投入了巨大的熱情。完美的大衛像，每年都吸引了數百萬民眾前去參觀，一窺這文藝復興時期最具代表性的雕塑作品。假使旅人們到了佛羅倫斯旅遊，可別忘了去瞧一瞧大衛俊美的姿態唷。

2. 佛羅倫斯老橋：在但丁與徐志摩筆下

世界上有不少令人嚮往的城市，在作家的生花妙筆下，更顯得引人入勝、搖曳生姿，雨果的巴黎、張愛玲的上海、瑪哈福茲 Naguib Mahfouz 的開羅、狄更斯的倫敦、徐志摩的翡冷翠、川端康成的京都，這些城市在作家的絕美文辭描繪下，猶如粉墨登場的舞台主角，緊緊抓住人們的目光，儀態萬千……

由於對文藝復興時期歐洲文化的迷戀，讓我雖然多次造訪佛羅倫

斯，仍意猶未盡。這座溫文儒雅的古城，早在幾百年前就已經擁有豐富的藝文涵養，藝術、建築以及雕刻作品在這裡達到了巔峰，走進城中，就如同進入一個偌大的博物館。眼前看到的，地上踩著的，牆上掛著的，一磚一瓦，都是歷史的見證、歲月的痕跡。有位作家曾說，如果沒有親自前往佛羅倫斯看看，那麼對於文藝復興 Renaissance 一詞的認知，永遠只會停留在一個歷史名詞或一個艱澀難懂的英文單字的印象。

　　每回造訪佛羅倫斯，老橋、舊宮、領主廣場、碧堤宮 Palazzo Pitti ，總是令我流連忘返。城邊的阿爾諾 Arno 河是佛羅倫斯的母親河，貫穿整個城市，共有七座數百年歷史的橋跨越河床，其中最著名的就是維吉奧橋 Ponte Vecchia ，當地人又稱之為老橋，歷史最悠久，也最具特色。這裡是詩人但丁和心愛的女子貝緹麗采·波爾蒂納 Beatrice di Folco Portinari 重逢的地方。雖然最終貝緹麗采遠嫁他人，但丁對她的傾慕卻綿延一生，未曾或忘。在其經典著作《神曲》中，也寫下由愛的使者貝緹麗采引導他遊歷天國的鋪陳。

　　我喜愛在夕陽西下時，走在橋上看著橘紅色的陽光透過雲層灑落在橋墩上，斑駁的歷史感彷彿一幅油畫。在這裡有最好的視野可以眺望瓦薩利走廊 Corridoio Vasariano ，那是科西莫一世 Cosimo I de' Medici，當時佛羅倫斯的掌權者 為了避開暗殺與方便往來住所 碧堤宮及辦公室而建造的。即今之烏菲茲美術館 Galleria degli Uffizi。

　　梅蒂奇 Medici 家族，在文藝復興時期，堪稱義大利歷史上最富

有的家族，也是西方藝術史上不可忽略的藝術贊助者，米開朗基羅、堤香、達文西、拉斐爾等偉大藝術家的成就與大量的傳世鉅作，都跟這個家族長期的資助與庇護，有著密不可分的關係。也因為如此，奠定了整個文藝復興的藝術榮景。這正是我之所以對這座城市深深崇敬與傾心不已的原因。

九十多年前，20世紀之初，徐志摩也曾在這座翡冷翠（即佛羅倫斯）的老橋上，思念著他遠方的愛人。

你真的走了，明天？那我，那我，

你也不用管，遲早有那一天；

你願意記著我，就記著我，

要不然趁早忘了這世界上

有我，省得想起時空著惱，

只當是一個夢，一個幻想；

只當是前天我們見的殘紅，

怯憐憐的在風前抖擻，一瓣，

兩瓣，落地，叫人踩，變泥

——徐志摩，〈翡冷翠的一夜〉

● 3. 佛羅倫斯牛排：大火燒烤的美食

　　無論你是在晨間市場閒逛，或是在充斥著觀光客的露天食肆坐下來，如同義大利其他大城市一樣，各式傳統美食任君挑選，咖啡很好，巧克力很好，冰淇淋很好，披薩通常也不差。不過，佛羅倫斯的美食重點之一，還是它的丁骨牛排 Bistecca alla Fiorentina 。

　　入夜後的古城，空氣裡依然瀰漫著陣陣火烤香味。這裡的美食大都樸素不花俏，尤其炭火燒烤更是當地偏愛的料理手法。許多人以為，所謂的燒烤就是簡單地將食物用大火燒一燒、烤一烤便得了。其實，並非如此。這裡的炭火燒烤自有其特殊程序：利用當地的葡萄藤、栗木或橄欖木，將木頭燃燒後，充滿天然的木頭香氣煙霧會附著在食物上，燒烤過的食物通常只以簡單的鹽巴和胡椒調味，嚐到的是食材的天然美味和土地的味道。

　　生火的過程有點像性愛，可以轟轟烈烈，也可以細水長流，從文火到烈火，總會有一些小高潮，可以配合不同的料理方式。

　　　　　　　　　——弗朗西斯‧瑪爾曼 Francis Mallmann 阿根廷廚神

‧ 初來乍到 il Latini 餐廳

　　拉丁人 il Latini 餐廳，是一間近百年歷史的餐館，這裡有著佛羅倫斯最傳統的好滋味，它曾是老闆納西索 Narciso 妻子的廚房，她把家裡

的食物帶到了魯切拉廣場 Palazzo Rucellai 酒窖內的桌子上。好客的佛羅倫斯人夜夜迎來五湖四海的朋友們，妻子索性一句：這麼沒日沒夜地吃喝，乾脆自己開間餐廳好了。於是便有了今天的 il Latini 餐廳。即便現在餐廳裡湧來了大量的觀光客，餐桌上講述著來自世界各地的語言，但在 il Latini，傳統未曾被改變，牛內臟、一公斤的大牛排、托斯卡納豆子湯等，這些傳統農家菜餚，依舊夜夜飄香。

　　初次造訪這裡，是當地朋友帶路。

　　我唸叨著：「來到佛羅倫斯數回，卻未曾品嚐過那大名鼎鼎的一公斤丁骨牛排，是不是應該要去朝聖一下？」

　　朋友望著我說：「不是不愛觀光客多的地方嗎？」

　　「我也是觀光客啊，也該是時候入境隨俗了吧？」

　　7 點不到，朋友熟門熟路地催著我：「走吧走吧，該去吃你的牛排了。」

　　我皺著眉頭發著牢騷：「在歐洲不是 8 點多才吃飯嗎？」

　　一路嘀咕地走著，看到不遠處的轉角圍著一群人騷動著。

朋友轉頭說：「你看看現在才6點就這麼多人了，8點多來我怕你這位大小姐會等到翻臉。」

此時老闆的兒子前來將餐廳門打開，對著外面鬧哄哄的人群說：「大家不用急，慢慢來，你們每個人一定都吃得到。」

有了老闆的這句話，大家彷彿吃了顆定心丸，耐心地排隊等候入座。一家小小的店，沒有過多的裝潢，天花板上掛著一整排比臉還大的乾豬腿，酒櫃上一瓶瓶自家生產的紅酒，紅色的桌巾上擺放著一盤盤沒有矯情擺飾的料理。入夜後的 il Latini，服務人員忙進忙出的，等著餵飽那些來自四面八方想要大快朵頤的人們。這裡的氛圍，就像去好友家作客般簡單。這裡的消費，平實得令人滿意。但可別以為料理馬虎喔，一塊真正的佛羅倫斯丁骨牛排，必須採用來自珍貴的契安尼娜 Chianina 白牛，只在托斯卡納大區的山谷中自然放養，宰殺後冷藏數日使肉質軟化。一塊標準的丁骨牛排大約是二指節的厚度，切下後直接上明火的架烤，有著兩種不同的肉質在一起，無論是質地鮮嫩、

油質較少的牛里脊，或是富有嚼勁的腰脊肉，都令饕客們心動不已。那烤得三分熟卻不見血的牛排，外表焦香，一刀切開，粉紅色的肉質乍現，像極了少女的肌膚。入口後，先是陣陣炭香味，咬下後僅有鹽巴提味的鮮甜肉汁在口腔內漫開打轉，就像是韋瓦第的雙大提琴 G 小調協奏曲一樣，大提琴直接開門見山地以它渾厚的琴音、強而有力地打開了快板樂章的大門，讓人迫不及待地感受到兩把大提琴相互纏綿交織著；連接著一小段溫婉低沉的二重唱後，強而有力、狂野地急速演奏，兩把提琴互不相讓著，讓人感到生生不息的激情。這瑰麗、繁複、極盡奢華的樂章在我的口中咀嚼著，還有什麼比這還要感到幸福呢！

il Latini 餐廳 http://www.illatini.com/it/premio-amici-del-latini

4. 牛肚包：米開朗基羅也愛的庶民美食

中午的老城區已開始人聲鼎沸，來自四面八方的觀光客瞬間將這座城市熱鬧起來。徒步，是欣賞這個老城的最好方式。步行於狹長的街道上，路的盡頭就是墨綠色與白色大理石相間的聖母百花大教堂。穿越廣場，走過傭兵迴廊，大衛、珀爾修斯 Perseus、但丁、科西莫一世，一座又一座的雕像，歷經幾個世紀的日曬雨淋，見證了文藝復興的盛世與式微。

飢腸轆轆的我，很自然地邁步來到了中央市場好填飽肚子。

成立於 1872 年的 Da Nerbone 牛肚包餐廳就藏在中央市場 2 樓的

某個角落，有著綠色大招牌與總是大排長龍的隊伍最為醒目。嚐過城中幾間牛肚包店後，我覺得這間最符合東方人的口味。

　　牛肚是味道纖細的東西，千萬不可過度調味，尤其要注意番茄的使用量以及味道較重的香料。去腥的白酒則不能少。並且最後會添加兩樣不屬於托斯卡納大區的傳統食材，奶油和 parmigiano 起司。

　　——羅曼文學研究者愛麗斯．佛倫瓦德 Alice Vollenweider《有味道的故事》

　　在《有味道的故事》中，作者愛麗斯．佛倫瓦德還特別花了一個章節介紹牛肚。可見在義大利人心中，牛肚甚至已和披薩、義大利麵一樣，有著不可動搖的地位。

　　然而，牛肚包又是如何出現在佛羅倫斯的？翻閱文獻，並沒有詳細發展軌跡可循。據說，佛羅倫斯人愛吃內臟是從中世紀開始的。牛肚 Trippa/tripe，是牛胃的統稱。在義大利其他城市都吃得到燉牛肚這道菜，但唯有在佛羅倫斯這裡，使用的是牛的第四個胃 Lampredotto。牛有四個胃，最大的胃叫瘤胃，再來是蜂巢、牛百業，最後則是皺胃。皺胃口感雖不像其他三種胃那樣強韌有嚼勁，吃起來比較綿密、鬆軟。15 世紀時，若穿行於佛羅倫斯的街道，在市集商家門口或是街頭小販攤位旁，勢必能見到寫有 Lampredotto 字樣的店招。當時在阿爾諾河沿岸商家，能以低廉的價格買到一份牛肚。據說，當年米開朗基羅作畫時，餓了也會隨手買個牛肚包來墊墊肚子。

˙牛肚包的華麗轉身

早先，貴族不喜內臟，牛肚包自然也就無法登上大雅之堂，一開始僅在工人階級群體間受到歡迎。那時，牛肚包是平民百姓補充蛋白質的最佳來源。可知，此平價美味於整個佛羅倫斯城之流行，亦從下流而上流，歷經幾個世紀之後，終於從庶民食物修成正果，得到富貴之家的青睞，最後成了藝術之都極具代表性的食物之一。如今，造訪佛羅倫斯的觀光客，幾乎人人都想嚐一嚐這種平價街頭小吃的滋味。不但如此，牛肚包還曾經進駐高級飯店，佛羅倫斯的四季酒店就曾經推出以牛肚包為主打的早午餐 brunch，將牛肚包華麗地轉身至高級餐桌上。

眼前的老闆將 Panini 也就是義大利圓硬麵包，口感和法國麵包相

似 切個開口，再用高湯及白酒燉煮過的蔬菜、牛肚、番茄、義式生培根 pancetta ，包進麵包中，灑上起司，再佐上醬汁夾好即算完成， 然後配上一杯托斯卡納大區基安蒂的紅酒一起享用。此時，我和米開朗基羅一樣，細心用味蕾品嚐著佛羅倫斯。我想，快樂無所不在，幸福隨處可得，只是我們一直視若無睹。真的，這一口咀嚼下的，是來自數百年前的好滋味！

Da Nerbone：中央市場裡某個角落

5 . Enoteca Pinchiorri 米其林三星餐廳：世界十大酒窖之一

我們必須永遠記住我們所在地的文化，因為這是我們的身分。但我們必須努力改善，改變並與時俱進。

——安妮 . 費爾德 Annie Féolde

Enoteca Pinchiorri 米其林三星主廚

佛羅倫斯是我很愛的一座城市，可以廣義地來說，因為它才有了文藝復興。佛羅倫斯是個可以讓我無論來過幾回都依舊倍感新奇的地方，不僅是這裡的藝術氛圍令我驚豔，這裡有間餐廳也令我難以忘懷。

有回來到這裡，所下榻的飯店裡有一間名為平奇奧里紅酒坊 Enoteca Pinchiorri 的餐廳。我好奇地問問友人：這間餐廳如何？

朋友睜大眼睛問我：你沒來過嗎？我搖搖頭，

朋友又問：你也沒聽過她？我再度搖搖頭。

朋友笑著說：你是吃貨啊，全義大利今年的米其林三星的榜單，你大概都吃過了吧？怎麼會沒聽過、沒來過呢？佛羅倫斯都來過好幾次了，不是嗎？

此時我吃貨的尊嚴彷彿被挑戰了，一臉好奇問道：所以……，她到底是誰？

主廚安妮・費爾德是位來自法國的女廚師，嫁給了義大利丈夫。這間餐廳是目前佛羅倫斯地區，唯一一家三星餐廳。目前安妮主管外場及公關部分，丈夫喬治・平奇奧里 Giorgio Pinchiorri 負責酒窖，Enoteca 在義大利文的意思，中文大都翻譯成「酒窖」或「酒坊」，可見他們對葡萄酒的熱愛。兩夫妻開店以來所有賺的錢全部拿去買酒，四十多年下來，酒藏超過四千種品牌，數量超過十萬瓶以上。世界頂級酒莊的絕版酒，在他們的地下酒藏室隨手拿就有。他們家的酒藏，整個義大利排名，如果她說是第二，應該沒有餐廳敢自稱第一；如果不是最多，那也是最昂貴的。

朋友像是在背誦課本般，認真地娓娓道來。

聽他說完，我內心讚嘆不已，不禁暗忖：我的追星榜單，怎能遺漏她呢，一定要集好集滿啊。

那我們今天晚上就吃這個囉。我開心地說著。

該餐廳位於市中心，距離領主廣場與烏菲茲美術館都很近。而且餐廳旁邊就是同屬的飯店，非常便捷、舒適。晚餐時間一到，我便帶

著朝聖的心情，興奮入座，躍躍欲試。

　　從一開始，他們以販售單杯全世界有名酒莊的葡萄酒崛起，最原先餐廳的菜單設計就是用來配酒的，喬治‧平奇奧里認為，酒也是食物的一種，為什麼永遠只能成為餐桌上的配角呢？在其他餐廳中，往往都是主廚先設計好餐點後，再和專業的侍酒師討論，要搭配哪種酒款，才最能夠將料理的美味更加乘；但在他和安妮的餐廳裡，主角是酒，食物則僅是配角，這個創舉，大大顛覆了以往大家對餐配酒的想法。

　　一上桌，侍酒師送來一本大概跟巴黎銀塔 La Tour d'Argent 餐廳差不多厚度的酒單，扎扎實實、洋洋灑灑的超大酒單，這可是 Enoteca 餐廳的主角啊，光看其酒單之豐富精彩，想必會讓葡萄酒愛好者為之欣喜。然而，必須提醒旅人的是，這家餐廳的酒價也是出了名的貴，

同樣一款酒，這裡硬生生比其他餐廳高出二三倍之多。當然，這裡所提供的酒，無論是其保存與品質想必都有一定水準，所以各地品酒同好莫不趨之若鶩，紛紛前來一窺葡萄酒的美妙世界。

Enoteca 酒坊坐落於 16 世紀的建築體，餐廳有一二樓，復古華美的裝潢，讓我深深陶醉於文藝復興的輝煌中。這裡主要是經營托斯卡納的傳統菜系為主，菜單每三個月更換一次。無論是開胃的配酒小點，或是豐富的義大利麵與主食，如果你是喜愛義式傳統路線的美食愛好者，這裡提供的佳餚，肯定會令你喜愛。當然，如果你專程為葡萄酒而來，這裡絕對不會令你失望， Enoteca 有全世界最專業的侍酒師，有收藏最豐富的酒窖。這裡是葡萄酒愛好者的桃花源，甚至有義大利的酒評專家稱它為巨大、傳奇、無法模仿的酒窖。

Enoteca Pinchiorri　www.enotecapinchiorri.com

6. 托斯卡納橄欖油：豔陽下的豐腴飽滿

· 雅典娜與橄欖樹

在希臘神話裡有篇故事，當諸神抵達奧林匹斯山上之後，他們便各自挑選自己鍾情的城邦，作為在人間活動或遊樂的場所，智慧女神雅典娜 Athena 與海神波賽頓 Poseidon 看中同一個城邦，誰知兩人互不相讓，只好找宙斯 Zeus 理論。宙斯不想介入哥哥波賽頓與女兒雅典

娜之間的紛爭，便請該城邦居民表決。經過眾人討論後，公民們要求
兩人各自送一件禮物給這個城邦，誰的禮物最實用、最受到大家的喜
愛，誰就是勝利者，並且可以成為這個城邦的守護神。

比賽開始。波賽頓馬上拿出隨身攜帶的三叉戟，往巨大岩石一
刺，岩石隨即裂開，湧出一道清泉，從泉水中還跳出一匹雪白戰馬來。
公民們一見揚鬃飛蹄的雄壯駿馬，呼聲連連，喊著：「這是力量與勝
利的象徵啊！」

此時雅典娜也不讓波賽頓專美於前，她立刻用自己的長槍點開地
面，忽然間，地底一陣劇烈震動，只見一棵果實纍纍的橄欖樹破土而
出。公民們一見異常驚喜，不約而同地鼓起掌來，掌聲如雷。大家開
心地圍著橄欖樹觀看，讚嘆不已，一致認為象徵和平與豐收的橄欖樹

可以帶給當地安和樂利的生活，比戰馬更有價值。

　　於是大夥兒一致通過，讓雅典娜成為這個城邦的守護神，並用她的名字來命名這座城市，這就是雅典城的由來。之後人們還在鬧中取靜的山丘上修建帕德嫩神廟 Parthenon 來祭祀她。每年橄欖樹豐收的季節，當地居民會穿起長袍，手裡捧著布料與橄欖油，頭戴橄欖枝做的花環，沿著城內通往神廟的道路，載歌載舞地歡喜行進，攜家帶眷地去感謝那位帶給他們和平與豐足的女神。

‧ 豐富迷人的橄欖油：讓人生更有趣

　　在古希臘，橄欖有它特殊神聖的地位；在歐洲，人民的生活與它

十分密切；而在義大利，橄欖油的重要性，就好比台灣的醬油，都是生活中不可或缺之物。當然，地中海沿岸的幾個國家也都有出產橄欖，從法國、西班牙各個省份，到義大利半島甚至西西里島，栽培的橄欖樹品種高達數百之多；結出的橄欖果實各有特色，無論外觀是圓潤飽滿或顆顆翠綠，氣味是果香濃厚或草味清新甚至濃郁辛辣，也都各自擁有其愛好者。

在義大利，很多簡單的料理淋上橄欖油之後，如同畫龍點睛般，馬上讓食物變得更溫順美味。難怪希臘人聲稱：「一餐沒有橄欖油，人生就變得很無趣。」好比咖啡、茶、葡萄酒、起司等具有專業深度飲食領域的食物一樣，在橄欖油的世界裡，也是一門深不見底的學問。隨著產區、氣候、風土、品種等差異，所壓榨釀製出的橄欖油，其口感與樣貌也會隨之不同。

每年的 10 至 11 月，是橄欖收成的季節。這時，徜徉在托斯卡納的鄉間道路上，放眼望去，數以千計的橄欖樹叢，深綠、青綠、淺綠層層堆疊，葉片上還不時閃著銀光，這是秋天托斯卡納大區最美不勝收的畫面！

在大都會裡生活的平常日子，每每聞到橄欖油獨特的青新香氣時，莫不讓我想起托斯卡納鄉間，那片波浪般舒緩起伏的綠色田野。每當被台北鬧哄哄的城市繁華，給鬧得喘不過氣的時候，托斯卡納深秋那恍如人間淨土、叫人陶醉的風景，總是能讓我內心得到片刻安寧，學習隨遇而安……

· 213 棵橄欖樹的主人

開車前往擁有二百一十三棵橄欖樹的主人盧卡 Luca 家的路上，我心裡充滿著期待。在歐洲習慣住飯店的我，很少造訪朋友家，一是不大習慣，二是深怕打擾。當盧卡曉得我要到托斯卡納參觀橄欖莊園時，馬上熱情地一再邀請我到他們家作客。沒錯，有個家裡有橄欖莊園的朋友真好！於是安排好行程，便開心地踏上了我的秋季橄欖之旅。

其實，托斯卡納近幾年有很多建構得非常完善且具有鄉村風貌的民宿，甚至有些自家還有葡萄園、橄欖園或是美食廚房可以體驗，受到不少來自世界各地旅人們的推薦。入住這種民宿，可以更貼近當地人的生活，對想要嚐新的朋友們來說，都是不錯的選擇。

當我的車子按照預定時間抵達莊園時，只見眼前聳立著一棟具有

歷史感的石砌房子，門口有棵巨大的橄欖樹。一下車，即看見我的朋友，莊園女主人阿萊西亞 Alessia 和男主人盧卡，坐在樹蔭底下兩張藤椅上，喝著咖啡等待我呢。

我下車後阿萊西亞便親切地迎面給我一個大大的擁抱，隨後帶著我慢慢參觀，簡單介紹莊園的一些設施。走進屋內，迎面而來的木製家具，給人一種溫暖又樸實的感覺。簡潔的居家擺設，粉紅色的羅馬簾透著外頭微微的陽光，米色、咖啡色的沙發與餐桌椅，給人慵懶的感受。牆上掛著一幅幅家族收藏的油畫作品。我想，窩在這裡，倚著窗戶，就算發懶一個下午，也是極好的。

整個莊園分為前後棟，前棟是盧卡一家四口及二隻狗的生活範圍，後棟則是有四個房間的二層樓房子。像這樣的房子，在托斯卡納的鄉村間其實不少，是很典型自家有橄欖園的小農房型。

義大利人非常好客，他們夫妻倆會把空房間騰下來，只是純粹希望吸引更多對橄欖油有興趣的朋友們，可以在這裡一起分享。所以盧卡笑著說：「這後棟的住房率，在秋天時可是達到高峰啊！」

參觀完小屋整體設備後，回到房間，我簡單梳洗一番。晚餐阿萊西亞準備了地道的幾樣家常菜，諸如豆子蔬菜湯、托斯卡納肉腸、烤牛肉，還有托斯卡納無鹽麵包 Pane Toscano。我好奇地詢問阿萊西亞：「托斯卡納的麵包為什麼不加鹽巴呢？」盧卡一邊撕著麵包塞進嘴裡，一邊回答我：「在中世紀時期，整個義大利各處城邦小國林立，托斯卡納地區靠近內陸，當時臨海的比薩國獲得了制海權，連帶著操控海

鹽供應。以前想買鹽巴，就得付出高額鹽稅，那時人民普遍比較貧窮，根本買不起鹽巴，索性就不加鹽巴了。當時托斯卡納地區的料理，口味通常比較重，就算配上沒有加鹽的麵包也不違和，就這樣，無鹽麵包成了托斯卡納另一種傳統食物。」也是，無論是搭配口味較重的豆子湯或是肉腸，的確合適。

用完餐回到屋子裡，洗個熱水澡，窗外一片寂靜。這簡單愜意的生活，是我在托斯卡納度假時最難忘的時光。

· 一場和時間的競賽：從採收至壓榨

隔天一早，用完早餐後，我便和盧卡及阿萊西亞一同前往他們自家的橄欖園，進行今天的任務，採收橄欖。盧卡說，好的橄欖油來自好的橄欖，而決定橄欖品質的最重要因素，就是充足的陽光和雨水。所以，今年能否有好的收成，要看老天爺是否賞飯吃，我們能做的，就是和時間賽跑。

若離本枝，一日而色變，二日而香變，三日而味變，四五日外，色香味進去矣

——白居易

這是詩人白居易所形容荔枝一旦離枝的變化，而橄欖也是如此狀況：橄欖果實一旦被採摘下來後，就會開始氧化，而後的每一分每一

秒，其營養價值與風味都在慢慢流失。所以，每年橄欖收成時，都是一場和時間的競賽，因為要確保每顆被採收下來的橄欖，都能夠在當天進行壓榨，好保留最佳風味。

一進到橄欖園，我們將巨大的網子，造型有點類似捕漁網，將它均勻地鋪放在橄欖樹四周，這是為了確保在採收過程中，萬一橄欖掉下來，不會直接落地，以防止橄欖碰撞受傷。因為一旦受傷，橄欖就會有腐敗變質的可能，那麼就不可能壓榨出完美品質的橄欖油。看這偌大陣仗，這油綠綠的每一顆橄欖，好比寶石一樣珍貴呢。就這樣，我們一大群人徒手將一顆顆橄欖摘下，然後放在籃子裡頭。10 至 11 月份的橄欖，顏色會由青綠色而紫紅色而黑色變化，隨著時間推移，顏色漸漸加深。盧卡家的油坊，則是偏好青綠色的橄欖。雖然這時期的橄欖油分較少，水分較多，只能榨出 10% 的橄欖油，但這時期的橄欖卻帶有較清新的青草味與綠番茄的香氣，也含有高含量的橄欖多酚能夠預防老化與身體功能衰退，是天然的抗氧化劑。最後，再把鋪在地面上網子內所有掉下來的橄欖裝進箱子裡頭，那就大功告成了。

一整天起立蹲下的，我全身的力氣都快用盡了。帶著全身疲累虛脫的身軀，我橫躺在橄欖樹旁，望著托斯卡納的天空，空氣中有著橄欖的清新味。我隨手拿起網子上的青綠色橄欖，在陽光的照射下，顯得那麼晶瑩飽滿！放眼望去，我們今天採收了將近一百桶的橄欖。這豐收的一天，雖有勞累，卻感到非常幸福。

我所能幫忙的部分也告一段落了，但接下來製作橄欖油，還有其

他非常重要的工序，可一點馬虎不得。

　　要製作出品質優良的橄欖油，在壓榨過程中，溫度要控制在攝氏二十五度以下。所以，為了不讓橄欖在碾壓的過程中，因為磨擦而使溫度升高，油坊會使用石磨來碾壓。把橄欖碾碎後，其實還看不到橄欖油，此時須將壓碎的橄欖果泥塞入麻袋中，放入壓榨機 達文西所發明的轉軸機械，可以把人力增大好幾倍 ，如此反覆壓榨，便會壓榨出帶有大量水跟油的橄欖汁。接下來，將橄欖汁靜置一段時間，不久較輕的橄欖油會浮在水面上，然後再經由層層過濾淬鍊，這時的油就是所謂的初榨橄欖油。為了維持初榨橄欖油的品質，必須讓橄欖油沉睡在溫度較低、無光害的地窖中。經由這一道道工序，一瓶高品質的初榨橄欖油便順利製造出來了。

· **綠油油的寶石，化身液體黃金**

　　在義大利，橄欖油不僅是廚房料理烹煮的材料，更是人們與這塊土地的緊密連結。也許就全世界橄欖油的產量和出口量來說，西班牙勇居冠軍。然而，義大利從北到南，包括西西里島在內，光是橄欖原生品種就高達近六百多種，遠遠高出西班牙許多。此外，境內每個大區因為氣候、風土差異，種植壓榨出的橄欖油也各有不同風味，這也就是義大利橄欖油之所以如此受到青睞的原因。

　　義大利人為了確保橄欖油的品質，每一間油坊都會遵循著 DOP 標章的生產工序來製作。但什麼叫做 DOP 標章呢？

DOP，亦即歐盟原產地保護認證，它是依據歐盟法規嚴格制定的標準，包含橄欖油的產地、品種，以及如何耕作、如何採收和壓榨等過程都有嚴格的規範，必須確保每瓶生產的油都符合規定，才能夠在瓶身上貼有 DOP 的標章唷。也就是說，消費者如果要買到義大利品質最好的橄欖油，那麼認清楚瓶身上印有 DOP 標章的，準沒錯。

在托斯卡納作客的這段日子，每天日出而作，日落而息，雖然身子骨有些疲倦，但從親自採收橄欖的勞作中，我更能體會誰知盤中飧，粒粒皆辛苦的道理。以往我們到餐廳用餐，服務生端出來的是一道道色香味俱全的菜餚。然而，其背後倘若沒有大自然的恩賜與農夫辛勤地耕作採收，何來美味佳餚讓我們享用呢？

從托斯卡納油坊回台灣已隔數年。至今，每回坐在餐桌前面，看著品質純粹的橄欖油，那金黃色的液體緩緩地倒入我的餐盤菜餚上時，總是令我十分感動，甚至觸景生情，讓我不禁回憶起那年深秋的托斯卡納。啊，這油綠綠的珍貴寶石，帶給我多少的美好回憶呀！

7. 基安蒂紅酒：都是公雞惹的禍

早春的雨季剛結束，山丘上一塊塊麥田裡，嫩綠色秧苗隨風搖曳著，有如海洋波浪般起起伏伏。車行鄉間，印入眼簾的是天空的藍和圓丘上的綠，山野間一叢叢松柏、橄欖、葡萄樹，勾勒出一幅幅世外桃源、人間仙境畫面。這裡是位於佛羅倫斯和錫耶納 Siena 之間的山丘地區。

　　開著車蜿蜒於山丘間，路邊果園裡的葡萄枝條煥發著蓬勃生機，空氣中瀰漫著淡淡的葡萄香氣與酒味。每隔一段路，就會出現一個又一個傳統酒農的招牌，招牌上繪有黑色公雞的標誌。這條路當地人又稱為黑雞之路，也就是著名的古典基安蒂紅酒產區。

　　在這片廣大地區的山谷土質中，含有大量石灰質及砂質黏土，十分適合聖吉歐維榭 Sangiovese 葡萄生長，而基安蒂紅酒就是用這種葡萄釀造而成，果香濃郁又不澀口，酸度也不是太高，自古以來頗受歡迎，搭餐易飲，價格也公道，可惜不耐久存。一直到 19 世紀時，貝蒂諾·里卡索利 Bettino Ricàsoli 男爵以 70% 的 Sangiovese，及各 15% 的特雷比亞諾 Trebbiano 和卡內奧羅 Canaiolo 三種葡萄混合，釀造出了古典基安蒂 Chianti Classio，至此之後才開始聲名大噪。從此，原本

平凡的基安蒂山谷，就此成了愛酒者的心之所嚮。

古典基安蒂的顏色較深，有豐富的香氣，口感醇厚有層次，因糖分高、富含多酚和單寧，可耐久存，甚至要存放超過十年才能達到最佳風味。經過認證的古典基安蒂紅酒，瓶頸上都會貼上 Chianti Classio Gallo Nero 黑雞標誌，這就是品質的保證。不論是基安蒂或是古典基安蒂各有不同的口感，都是屬於義大利葡萄酒等級最高的 DOCG 特定產區酒，

然而，你們可知道，為何瓶頸上是採用黑公雞作為標誌，而非狗啊、貓的？其實，關於經典基安蒂上的黑公雞標誌，有一個傳說流傳甚廣。中世紀時期，錫耶納和佛羅倫斯之間並無明確邊界，為了遏阻無止盡的爭鬥，兩城的領主最終達成共識：在約定好的某一天，清晨公雞鳴叫時分，兩方騎士從各自所在城市出發，以兩隊人馬相遇的地方為基線來劃分邊界。

於是，錫耶納人養了一隻白公雞，將牠餵養得白白胖胖的；而佛羅倫斯人養了隻黑公雞，每天限制餵養少之又少的飼料。終於決定命運的日子來臨了，那隻餓極了的黑公雞天還沒亮就開始啼叫，佛羅倫斯的騎士們雞鳴而起，摸黑出發了，在錫耶納城外僅十二公里處便與晚出發的錫耶納騎士相遇。從此，兩城的邊界劃定，大部分的基安蒂產區都屬於佛羅倫斯城，延續至今。由於黑公雞的形象在當地深入人心，後來經典基安蒂葡萄酒聯盟 Chianti Classico Wine Consortium 便將其選為了古典基安蒂葡萄酒的瓶頸標誌。

8. 潘娜朵尼麵包：屬於聖誕佳節的幸福滋味

・ 關於潘娜朵尼麵包的愛情故事

相傳 15 世紀時，在義大利北部的某個小鎮裡，有家蛋糕店的師傅名叫唐尼 Toni。唐尼雖然家境不富裕，卻很勤勞。蛋糕店規模不大，老闆管帳，老闆的女兒艾達吉莎 Adalgisa 招呼客人，而唐尼則和另一位師傅在後頭製作麵包。唐尼和艾達吉莎兩人年紀相仿，朝夕相處，日久生情，互有好感。然而，勢利眼的店老闆嫌棄唐尼貧窮，堅決拆散兩人，甚至將唐尼解雇了。為了爭取自己的愛情，唐尼決心發憤圖強，謀求成功。於是短暫告別艾達吉莎，但承諾有天他會賺很多錢回來迎娶心上人，請她耐心等待。

不久，少年唐尼找到了新東家，繼續學習，努力增進自己製作麵包的技藝。某個冬夜裡，唐尼一如往常地專心工作著，他隨手在發酵多日的麵糰中，加入做蛋糕時常用的酒釀乾果。沒想到出爐後，這款有著蛋糕柔軟口感的麵包，出奇地好吃，不僅口感柔軟綿密，而且帶有濃郁的果乾香氣。此時已接近打烊時間，店裡頭其他師傅也都聞香而來，下班後便將這款麵包帶回家去，給家人品嚐。隔日，幾位師傅紛紛告訴唐尼：「昨天帶回去的麵包，家人都說好吃，是不是可以再多做一些？」

於是，這款還沒有取名字的麵包，很快在街坊鄰里間口耳相傳，大受歡迎。在大雪紛飛的聖誕佳節前，市集裡的民眾爭相跑來這裡想

要購買。少年唐尼靠了這款麵包賺了錢，也開了屬於自己的店。唐尼沒有食言，他沒有忘記癡癡等待他的愛達吉莎，如今他可算是衣錦還鄉，帶著財富和成功回到小鎮，終於獲得老東家的認同，順利抱得美人歸。後來，這款添加了大量的糖、奶油、酒釀果乾的麵包，就被稱為唐尼的麵包 Pane di Toni ，在義大利大家都叫它潘娜朵尼 Panettone。在義大利北部，聖誕佳節時，家家戶戶都必吃潘娜朵尼呢。

· 早餐潘娜朵尼，迎來美好一整天

在義大利旅行，若剛好接近聖誕節，走在街上必隨處可見賣著這款潘娜朵尼。走進餐館，用完餐後，服務生端來餐後的甜點，哈，同樣是潘娜朵尼！麵包上頭還撒了大量糖粉，或是淋上一大匙溫熱現製的薩巴雍甜醬 Zabaione，蛋酒 ，豐潤的奶油有著勾魂滋味，香甜的酒釀果乾帶來味蕾的甜韻，口中馥郁的果香與奶香交纏著，迷人得不得了，此時若再搭配一杯有著蜂蜜及蜜桃香氣的 Tokaji 貴腐甜酒 ，那堪稱完美。

製作一個傳統潘娜朵尼，除了挑選麵粉之外，還要自行培養酵母。當酵母揉入麵糰後，必須反覆發酵、靜置、回溫，再加入麵包內的酒釀果乾，然後使用傳統的窯爐烘烤。麵包烤好後，還要倒吊靜置多個小時，讓膨圓的頂部不容易塌陷。這長達多天繁複的工序，在在考驗著麵包師傅的功力。正統的潘娜朵尼經過長時間發酵後，改變麵

糯酸鹼值，加上有足夠的糖度，能存放二到四週。

義大利人通常在聖誕節的早晨，會切上一片潘那朵尼，配上一杯義式濃縮咖啡。麵包的香甜，與濃縮咖啡的苦韻，在嘴裡相輔相成，相得益彰。義大利人相信，早餐吃這款傳統的麵包開啟新的一日，將會迎來美好的一整天。

潘娜朵尼麵包在義大利是個專有名詞，甚至成立了專屬協會，針對食材、操作流程、麵包大小給予明確規範，以維護其傳統美味。在義大利，許多烘焙學校的畢業考試，其中之一試題就是讓學生做出潘娜朵尼。年輕師傅在通過這些繁雜步驟認證之後，就算及格，才能成為一位真正的麵包師傅。

潘娜朵尼因為體積夠大且能久存，適合全家一起享用。它不僅僅是聖誕節的甜蜜救贖，更是麵包師傅的心意和奉獻唷。

第六章

阿布魯佐 Abruzzo 大區
擁山望海的愜意時光

阿布魯佐是義大利最多山的地區之一，亞平寧山脈穿越其中心。這裡的地貌都是從高聳入雲的山地到深綠色的峽谷，阿布魯佐更常被稱為歐洲的綠色區域，因為它境內的大型自然公園與保護區占其總土地面積的 35% 以上。

這裡的烹飪傳統和托斯卡納大區很類似。內陸地區有非常豐富的農產品，尤其是水果和牲畜，諸如牛、豬、羊和其他家禽。比較特別的是羊肉，在該區日常飲食中占有很重要的位置，無論是烤綿羊或是烤羔羊串，都是人們經常吃的食物。住在沿海地區的居民三餐免不了吃魚、貝等海鮮，但也是以燒烤居多。阿布魯佐擁有葡萄生長的絕佳風土條件，依山傍海，陽光充裕，雨量豐沛，這裡特有的葡萄品種特雷比亞諾 Trebbiano d'Abruzzo 和蒙特布查諾 Montepulciano ，在偏愛義大利葡萄酒人士的眼裡，也有著不俗的表現。

一面海水一面山峰的阿布魯佐境內，更有著名的佩斯卡拉 Pescara 海灘，想要一覽群山雪景的旅人，不可錯過。

一、拉奎拉省 L'Aquila

● 1. 女人之家 Casadonna 米其林三星餐廳：反樸歸真的幸福

·尼科‧羅米托斯的家傳祕方與創新

　　美食與宗教，或許在一般人眼中，好像並無多大關聯，但其實在隱密的修道院內，裡頭的修士或修女們，個個可都是身懷絕技的料理好手，他們更是將烹飪文化發展至於極致。在修道院內基本上都有果園與菜圃，有的甚至還有葡萄園與橄欖樹，他們也飼養小型家畜，生活自給自足。在當時，擁有良好的廚藝、藥草學、醫藥學與園藝技術，是好的修道者的基本配備，無論是對藥草、香料的運用，或是烹煮燉菜、熬煮果醬，製作甜點、鹹食、乳酪、葡萄酒等，莫不拿手。當修士帽換成白色的廚師高帽時，他們知道如何利用四季自然給予的

食材，什麼月份做什麼菜餚，什麼月份吃什麼最合適，都很講究。尤其是每逢齋戒時期，為了遵守戒律而不能吃肉，他們甚至會將食材加以運用烹煮，讓蛋或是乳酪吃起來像是牛肉或豬肉的味道呢。

我記得那天，當我們的車子開到距離目的地不到十分鐘路程時，車子上的衛星導航根本沒有顯示這個位置，我們左繞繞，右彎彎，還問問路人。那可愛的路人甲一下指左邊，一下又連忙搔搔頭地說：「應該是右邊那條小路才對⋯⋯？！」啼笑皆非的我們只好投降。我趕緊拿起電話直接撥到莊園去，原來就在彎曲小道的最上頭。

車子沿著白色石子路往上開到盡頭，兩旁種滿了紅色小花，映入眼簾的是一間樸實無華的白色石灰房子。是的，應該就是這裡了！一下車，已經有莊園的服務生在門口熱情地迎接我們，細心地幫我們辦理入住及參觀館內的設施。由於離晚飯還有一段時間，莊園經理特別詢問是否願意由他陪同介紹莊園的歷史、餐廳的由來及參觀酒窖等。

這是間位於義大利中部阿布魯佐國家公園 Abruzzo National Park 內，16 世紀的女子修道院，女人之家 Casa dona 。如今修道院早就不存在了，取而代之的一間莊園別館，五百多年來白色石灰牆的外觀沒有多大改變，稍稍修改的建築融入了周圍國家公園的自然景觀。這個莊園占地六公頃，海拔八百六十米，裡頭還包括一個葡萄園、一個果園、一個種植香料草藥的花園以及八個房間和一所廚藝專業學校尼科‧羅米托斯學院 Accademia Niko Romito 及一間米其林三星皇家 Reale 餐廳。

八間客房裡，採用的都是天然的內裝，遵循樸實與自然的概

念，再生老木、鑄鐵、陶瓷、亞麻等，一系列原色與白，映襯著窗外山脈的景色，營造出極具魅力和舒適的氛圍。我坐在壁爐旁品嚐迎賓的雞尾酒，溫潤的色調讓人著實放鬆。而後，親切的克里斯蒂安娜 Cristiana 帶領我們往地下室走去。原本是 女人之家的穀倉，現今改為酒窖。1996 年，原本從事烘焙業的安東尼奧‧羅米托斯 Antonio Romito 創立了這間餐廳。可惜，餐廳才營業短短兩年，安東尼奧就不幸去世了。於是，原本住在羅馬的一對兒女回來繼承餐廳，尼科 Niko 進了廚房，妹妹克里斯蒂安娜則負責外場營運的部分，父親留下來製作烘焙麵包的祕密，在這裡被加以傳承並發揚光大。無論是皇家餐廳或是早餐所使用的麵包和糕點都是新鮮製作的。

就這樣，這個毫無料理基礎的主廚，在短短的幾年內，一炮而紅，2015 至 2018 連續三年，獲得了米其林三星的殊榮，世界排名第 36 的餐廳。也許正因為是半路出家，所以沒有所謂的傳統包袱與制式的規矩，誰說水果上菜一定要吃甜的？誰說米其林三星餐廳的擺盤就非得要花俏繁複？正因為尼科的非科班出身，所以他比其他廚師多了一份勇氣。反正本來就不是學料理的，沒有包袱，所以在他的廚房內，總是天馬行空。

雖說如此，可別以為他不講究喔！在他的小小天地裡，用的水果及香料可都是自家後花園栽種的，他們甚至還有少量的釀造葡萄酒供餐廳使用；使用的橄欖油來自利古里亞或托斯卡納大區，香醋來自義大利最有名的摩德納，麵粉來自本地阿布魯佐產區，連杏仁堅果都是專門使用埃特納 Etna 火山山腳下的卡塔尼亞 Catania 果園所出產的。主廚尼科常說：我的料理看起來簡單，實際卻不簡單。

· 點一道 Misticanza：嘴裡的蔬菜沙拉吟唱著四季交響曲

終於到了用餐時間，由於這裡只有八個房間，餐廳裡頭只有八張桌子，已有住宿的房客為優先訂位用餐，餐點會隨著季節做調整，在用完開胃小點之後，服務生端來眼前這盤看似真的很簡單的生菜，這是一種名為 Misticanza 的蔬菜，蔬菜下方鋪著來自卡塔尼亞 Catania 的杏仁堅果泥，蔬菜上頭淋上，來自托斯卡納大區的初榨橄欖油，這道菜簡單得令我不知所措，這是世界排名 36 的餐廳不是嗎？

我帶著滿腦子疑惑吃進一口眼前單純的蔬菜，帶有濃郁青草味的橄欖油配上略有苦味的 Misticanza，我輕嚼了幾口再蘸點下方帶有甜味的杏仁堅果泥，在我的嘴裡此時突然奏起了韋瓦第的《四季》交響曲，春天時新鮮的蔬菜從土壤裡努苗出來，鮮嫩脆口，夏天時正是品嚐豔陽高照的南義西西里島堅果的好時節，到了秋天也是橄欖採收的季節，此時淋上這第一道初榨的橄欖油，真是最適合不過了。雖然這是一道生食沙拉，但在這寒冷的冬天，我相信此時廚房裡頭，一定是

既溫暖且飄散著裊裊炊煙,這首蔬菜沙拉四季交響曲,既和諧又美好,怎能不叫人傾心!

·義大利小餛飩:維納斯的肚臍

另外,我們還點了一道義大利特有的傳統菜餚:雞肉小餛飩。這道菜,也有專屬於它自己的傳說故事喔。

相傳某天女神維納斯下到凡間來,佯裝成一位普通少女,入住一間小旅館。旅館的廚師耳聞有位美如天仙的女子來住宿,忍不住想辦法偷窺;無奈始終不得其法,怎樣也見不著。最後只好使出殺手鐧,從房門的鑰匙孔窺視。然而,卻也只能看見正在寬衣解帶的維納斯的肚臍。畢竟鑰匙孔貓眼視角較小,範圍有限,還必須貼近門看。結果,敗興而歸。

廚師悻悻然回到廚房,喪氣又懊惱,卻又日日夜夜思念不已。這位廚師無奈之餘,只好化無形相思於有形,捏出個酷似女神肚臍眼的麵食料理,小餛飩。據說,這就是義大利小餛飩的由來。每回光顧義大利餐廳,吃到這道菜時,我就會想起這個故事。不過,乍看之下,我的肚臍眼好像也是長得這副模樣呀……哈哈!

義大利小餛飩挺有意思,因為即便其手工餡皮非常薄,也吃得出麵皮的彈性;作為內餡的雞絞肉,雖沒有過多的醬汁,卻吃得出雞肉質地所散發出的淡淡肉香,其少量油脂更添滋味。這道菜看似很簡單、很單純,卻著實考驗著主廚的功力呢。

· 錫耶納－琴塔 Cinta Senese 豬

不久，服務生又端來另一道主菜：炭烤錫耶納－琴塔豬。這道料理令我想起多年前，我在上海外灘的和平飯店吃到的烤五花肉，那是這輩子最令我驚豔的烤五花肉。和平飯店的烤五花肉油質入口即化，豬肉的香氣在嘴裡化開，讓人意猶未盡。的確，美食是種讓人們保存記憶的媒介，哪一年？哪一天？跟誰在哪裡吃了什麼？倘若桌上的佳餚又正好令你驚喜萬分時，那樣的味蕾記憶總會在我們的心裡縈迴不已……

這道琴塔豬，來自托斯卡納大區，是義大利最古老的原生豬種之一。這種野生豬，毛皮大半部是黑色，特別的是牠從前腿到肩的部分卻呈白色，乍看之下，就像是圍著一條白色圍巾的豬，十分可愛。在過去數百年間，琴塔豬曾經是托斯卡納樹林裡最常見的豬種，特別是在大區內的錫耶納 Siena 省的鄉林間最為多見。至今，在錫耶納市政府建築內的壁畫上，還留有 14 世紀著名畫家伯多祿‧洛倫采蒂 Pietro Lorenzetti 描繪的琴塔豬的作品。

琴塔豬的野性較強，早期是採用半野放的方式飼養，因為這種豬原本就有許多油脂，如果是經由人工豢養而非野放，反而會長出過多的肥油，不好吃。

到了 1950 年代之後，因為消費需求大增，很多飼主改為養許多生長得更快且適合密集圈養的豬種，野生的琴塔豬因而變得愈來愈少見。所謂：物以稀為貴。這種圍著白色圍巾的琴塔豬既然日益稀少，

因此也就變得愈加昂貴。

　　服務生送上來的這道琴塔豬料理，被切成一塊塊，每塊一口大小，容易入口，味道也恰到好處，主廚僅以少許鹽花及胡椒提味，而沒有使用過多氣味強烈的辛香料。當那油脂在我嘴裡化開的瞬間，油花豐富而甜潤，卻不膩口，帶有些微燒烤香氣，和被烘烤過的胡椒香味。此刻，我咀嚼的是食物的最原始滋味，品嚐的是低調的華麗饗宴。

· 蒙特布查諾 Montepulciano 紅酒

　　此外，侍酒師搭配這道菜的酒款，也是選用阿布魯佐大區特有的葡萄品種，蒙特布查諾紅酒。如果你是義大利葡萄酒的愛好者，想必也曾聽說過教皇保祿三世 Pope Paul III 十分傾心於這款葡萄酒。文獻指出，他的酒窖管理員桑特·朗瑟羅 Sante Lancerio，在 1530 年曾將蒙特布查諾葡萄酒稱為完美之酒 Vino Perfectissimo，也管它叫教皇之酒。在當時，這幾乎是對葡萄酒的最高評價了。

　　眼前侍酒師搭配的這款蒙特布查諾紅酒，顏色呈現厚實的紅寶石色，又略帶一點紫，單寧柔和也飽滿，有著濃郁的石榴和黑櫻桃與漿果的香氣，卻不偏甜，搭配油脂適中的琴塔豬，那真是一絕啊！

· 聞香下馬

　　用完餐後，服務生來到我的桌邊詢問，是否有這個榮幸，主廚邀

請我到他們的廚房簡單參觀。走進廚房時，帥氣的主廚尼科已經在備餐檯邊等待著我。

尼科驚訝地看著我並詢問：「是怎麼找到這個莊園的？這裡很少有亞洲面孔的客人來用餐及住宿。」

我笑著回答：「我剛從拉斐爾的故鄉烏爾比諾 Urbino 離開，要往南方度假去。一路上我聞到了烘焙麵包的香氣，就被吸引而來。」

尼科笑著說：「那明天你可別貪睡，我們早餐使用的麵包，可都是家族祕方呢。」

言談之中，他親切地告訴我：「雖然沒有受過正式且扎實的廚師訓練，但菜色都是廚房裡優秀的團隊，和自己一再地實驗與發想出來的。有些菜色看似很簡單，其實一點兒也不容易。作為一個食物工作坊，我和我的團隊每一天都在發掘每種食材的無限可能，並有這個榮幸為它們賦予全新的生命……」

說句實在話，遊歷歐洲多年，身為忠實追星族的我 米其林愛好者， 很喜歡眼前這位主廚，雖然名列全世界第 36 的餐廳，卻沒有一絲的驕傲神氣，自信而謙遜有禮，不為表現而表現，他的菜會讓你顛覆以往米其林三星的傳統印象。

這個莊園安靜簡樸，彷彿與世隔絕。雖然沒有華麗的窗飾，沒有天鵝絨的沙發，沒有古典華貴的地毯，但樸實而自然。舒適的寢具讓留宿一晚的旅人可以好好地休息，柔和的地板、器皿色調，營造出沉穩簡雅的空間。明早天一亮，大自然的蟲鳴鳥叫會自動叫醒你。淺色系的

亞麻窗簾透出的晨曦微光，也讓滲透進房間的光線，顯得柔和順眼。

　　我慵懶地打開窗戶，映入眼簾的是阿布魯佐國家公園內的自然景色。在這裡，四季交替的窗景讓入住的旅客可以直接以視覺、聽覺和嗅覺感受節氣的轉變，春日百花齊放，夏季綠意濃翠，秋節落葉似火，冬天素裹銀妝。來到女人之家，時間彷彿以一秒五格慢速進行，城市裡煩囂的步伐就此緩下來，在這純粹的空間裡，悄悄地舒展了被束縛已久的靈魂。

　　我梳洗完走向早餐的交誼廳，女人之家的早餐是現點現做的，提供的麵包果真如昨天尼科所言，令人意猶未盡。工業化生產的麵包，加了太多的化學物質、甜味劑、膨鬆劑、商用酵母、防腐劑等，唯一被移除的就是時間。然而，製作一塊好麵包，需要緩慢又繁複的發酵工序，用時間等待製作的手工麵包，那撲鼻而來的香氣，叫人胃口大開，細細地咀嚼，微微的酵母甘甜，讓唾液在口腔內四溢。不得不說，眼前的蘋果派及小圓麵包，是我在義大利所吃過最好的。

　　我走進山林，因為想從容地活著，只有面對生命的本質，看看能不能學到它要教我的東西。這樣，當我離開人世，才不會突然發現，我從來沒有活過。

——梭羅

　　我覺得這是一間具有魔法的莊園，樸實的外觀讓人意外卻又驚喜

連連，每個細節皆是點石成金。在這裡，時間可以慢慢地老去，有時反樸歸真也是最美好的幸福，不是嗎？

女人之家 Casadonna www. nikoromito.com.

● 2. 逾越節晚餐：烤羊肉

· 逾越節的由來及意義

最後的晚餐 l'ultima cena，亦稱主的晚餐 。這個主題在歐洲世界裡，常常被拿來作為畫作的主題，尤其是文藝復興時期，但最廣為人知的，還是達文西於米蘭的恩寵聖母教堂 Santa Maria delle Grazie 的食堂內，牆壁上的那幅。

根據聖經福音書記載，耶穌創立所謂主的晚餐當天，就是尼散月 14 日，也就是以色列人的逾越節。吃逾越節晚餐時，耶穌告訴門徒，他們之中會有人出賣自己。用餐過後，叛徒猶大離開（聯繫猶太祭司長去了）之後，耶穌與其他十一使徒，舉行了首次的主的晚餐 也就是紀念耶穌死亡的儀式 。

值得一提的是，在該儀式中，兩個有重要象徵意義的東西，無酵餅和葡萄酒，都是逾越節晚餐中所食用的。至於當日，逾越節晚餐桌上，除了無酵餅和葡萄酒，耶穌和門徒到底還吃了什麼？新約聖經的描述相當簡略。然而，舊約聖經提則供給了我們非常詳細的守節程序。

簡而言之，當天晚上，須宰殺一隻綿羊羔或山羊羔，剝皮，洗淨內臟放回羊腹內，將整隻羊烤熟（一根骨頭也不可折斷），以色列家庭或與鄰居，搭配無酵餅和苦菜一起共吃。

然而，什麼是逾越節呢？

逾越節對以色列人來說是一個特別神聖的節日，其設立是為了紀念以色列人從埃及得救，上帝擊殺埃及頭生的人畜時，逾越了以色列人頭生的人畜。

逾越節 Passover ，希伯來文的本義是跳過、越過的意思。每年 4 月，除了基督教的重要節日復活節以外，還有與基督教同宗的猶太教的重要節日，就是逾越節了。

有關逾越節的典故及相關守節程序，《出埃及記》第 11 章至 13 章（以下引用和合本中文聖經）有詳細記載：

以色列人在埃及生養眾多，繁茂強盛。法老為控制以色列人的人口，告訴百姓「看哪，這以色列民比我們還多，又比我們強盛。來吧！我們不如用巧記待他們，恐怕他們多起來，日後若遇什麼爭戰的事，就連合我們的仇敵攻擊我們，離開這地去了。」（出 1：7-10）

以色列人在埃及做苦工之外，男嬰的性命也遭到威脅，因為埃及法老告誡接生婆：「你們為希伯來婦人收生，看她們臨盆的時候，若是男孩，就把他殺了；若是女孩，就留她存活。」（出 1：16）此外也也告訴民眾：「以色列人所生的男孩，你們都要丟河裡；一切的女孩，你們要存留她的性命。」（出 1：22）

169

在出埃及前，耶和華告訴摩西、亞倫說：你們吩咐以色列全會眾說：本月初十日，各人要按著父家取羊羔，一家一隻。……要無殘疾、一歲的公羊羔，你們或從綿羊裡取，或從山羊裡取，都可以。……當夜要吃羊羔的肉；用火烤了，與無酵餅和苦菜同吃。不可吃生的，斷不可吃水煮的，要帶著頭、腿、五臟，用火烤了吃。（出 12：1-9）宰了羊，取點血，抹在門柱和門楣上做記號，這樣祂在懲罰埃及人時，便會跳過、越過。上帝吩咐以色列人說：日後，你們到了耶和華按著所應許賜給你們的那地，就要守這禮。你們的兒女問你們說：行這禮是什麼意思？你們就說：『這是獻給耶和華逾越節的祭。當以色列人在埃及的時候，他擊殺埃及人，越過以色列人的房屋，救了我們各家。』（出 12：25-27）

所以說，猶太人吃逾越節晚餐，主要為了銘記逃出埃及的歷史。

· 耶穌：逾越節的綿羊

尼散月（相當西曆 3、4 月），春意盎然，耶穌在逾越節前幾天抵達耶路撒冷，把握在世上的剩餘時間，努力教導人關於上帝王國的好消息。最後，耶穌於臨犧牲的前一晚（即尼散月 14 日，猶太人計算日子，是從一天的傍晚到第二天的傍晚），在某個樓上的寬敞房間，跟使徒聚集起來守逾越節。福音書記載，尼散月 13 日早上，耶穌曾指示門徒，為守節預先做好一切準備。

前文提過，耶穌和使徒們吃過逾越節晚餐後，才創立主的晚餐的紀念儀式。儀式很簡單，根據《馬太福音》第 26 章第 26 至 28 節經文：

他們吃的時候，耶穌拿起餅來，祝福，就掰開，遞給門徒，說：你們拿著吃，這是我的身體。

又拿起杯來，祝謝了，遞給他們，說：你們都喝這個；因為這是我立約的血，為多人流出來，使罪得赦。

主的晚餐完了以後，耶穌帶著彼得、雅各和約翰一起，過汲淪谷，到客西馬尼園，在那裡禱告。深夜，叛徒猶大帶來一群士兵，將耶穌捉拿，輪番審訊後，就被釘在苦刑柱上，為人類犧牲了生命。

前文提及，逾越節晚餐的主菜是烤羊肉。很有意思，使徒保羅也把耶穌比作逾越節的羔羊（林前 5：7）。施浸者約翰則曾指著耶穌說：看哪，上帝的羔羊，除去世人罪孽的！（約 1：29）他想到的，可能

是逾越節的羔羊，或亞伯拉罕用來取代兒子以撒的公綿羊。總之，這兩個比喻，都和上帝所安排的救贖應許有關。

·復活節吃烤羊肉串

聖經裡多得是牧羊的比喻。在地中海一帶，羊隻隨處可見。義大利各大區的風土與文化互有差異，羊肉料理自然也各具特色。

在西方世界，有個節日的重要性僅次於聖誕節，那就是復活節，亦即慶祝耶穌死後三天復活的節日。義大利人在舉行完復活節的相關宗教儀式後，往往會痛痛快快地飽餐一頓，一般最普遍的還是吃羊肉。此時，家家戶戶皆會準備這道餐點， 按照猶太人傳統吃烤羊肉的方式，將羊肉醃上胡椒、香料、鹽巴，再淋上橄欖油，然後放進烤箱烘烤，就是一道美味的料理。

在阿布魯佐大區內，因為飼養的羊群滿山滿谷，羊肉自然成為居民主食。走在街頭巷尾的餐廳或路邊攤，常常可以看見烤羊肉串 Arrosticini 的身影，這是本大區的傳統食物。其做法也不難：先把羊肉切成塊狀，再用竹籤串連在一塊，放置於排水槽形狀的烤爐上烤熟，便十分美味；或是將羊肉剁碎調味後，做成羊肉醬鋪在麵包上，再淋上些許的橄欖油。這裡的烤羊肉串真的很棒，喜愛羊肉的朋友們肯定不會失望。

二、佩斯卡拉省 Pescara

1. 佩斯卡拉：英國人最愛的度假海灘

　　佩斯卡拉海灘，每逢盛夏總是擠滿了人。長達十六公里，綿長又淨白的海灘，是喜歡陽光和海洋者消磨假期的好去處。尤其是英國人酷愛這裡，從倫敦還有直達佩斯卡拉的班機呢。漫步暢遊在美麗的濱海小鎮，暫時遠離喧囂雜沓的繁忙都市。晴朗的午後，遊走在鵝卵石的街道上，飽覽當地建築美學與人文風情。

　　沿著河畔走，就會來到加布里埃爾‧鄧南遮故居博物館 Museo Casa Natale Gabriele d'Annunzio，這裡是 19 世紀時備受爭議的法西斯主義者鄧南遮的出生地。館內至今仍保留著原始裝潢、極多絕美的雕刻作品與裝飾圖騰，以及鄧楠遮的著作原稿和手寫筆記等收藏。過河之後，緊接著會看到當代藝術博物館 Museum of Modern Art。這裡的

173

館藏不少，包括莫內和畢卡索的作品，都在展出之列。

　　走到夕陽西下，不妨暫時歇歇腿，選擇位於兩岸水畔的酒吧，祭祭自己的五臟廟。在此，也可以欣賞欣賞碼頭邊遊客或來往穿梭的遊船。只見船上燈火輝煌，閃閃爍爍，燦若繁星。天際線落日餘暉映著晚雲，各種橘紅、粉紅、桃紅、豔紅霞光萬道，好不繽紛熱鬧！

· 海鮮魚湯：暖呼呼的鮮味

　　佩斯卡拉既然位於海邊，魚貨海鮮之豐富那是理所當然。尤其海鮮魚湯，乃必吃美食推薦。魚湯裡加入滿滿的蔬菜及大量的辛香料燉煮，搭配麵包蘸裹著吃，再來一份這裡著名的烤羔羊串，那是人間美味。一邊用餐，一邊享受著習習晚風，多麼愜意舒暢！

　　來到風景如詩如畫的佩斯卡拉，無論是走進古色古香的博物館，或是駐足於街邊那眼花撩亂的小商店，抑或在飄香的咖啡館裡小坐片刻，處處瀰漫著隨遇而安的輕鬆氛圍。真的，這座美麗的海邊小城，總是叫人流連徘徊，不忍離去……

第七章

巴西利卡塔 Basilicata / 坎帕尼亞大 Campania 在大靴子的腳趾和鞋跟之間

巴西利卡塔，當地人又稱盧卡尼亞 Lucania ，和坎帕尼亞 Campania 彼此緊鄰，都是位於南部的大區，坐落在大靴子的腳趾和鞋跟之間。在巴西利卡塔保持了十分鄉村化的務農方式，廣大的牧場，放養了大量的羊群、豬群以及義大利南部的波多利卡 Podolica 種的白牛。crisc' lu purch'ca t'ung' lu muss. 是巴西利卡塔大區流傳的一句俗語，意思是說：一頭豬能讓你填飽肚子。

巴西利卡塔大區的豬肉產品十分多元豐富，包括生醃五花肉、義式臘腸 salami 、風乾火腿。另外，也栽種了大量的豆類及蔬果，鷹嘴豆和扁豆在這裡常常被當作主食來使用。在這裡，每個人平均吃的辣椒比義大利其他任何地方要多很多。在廚房，媽媽們會把乾辣椒串成一長串，掛在廚房裡，以便隨時取用。

至於靠海的坎帕尼亞大區境內，則有著名的夏日度假勝地卡普里島和昔日輝煌的那不勒斯，因緊鄰著第勒尼安海，想當然海鮮漁產豐富無比。

一、馬泰拉省 Matera

1. 馬泰拉：世界最古老的城鎮

8 月的南義，炙熱的陽光令我感到著實地煩躁與不安，但仍未澆熄我對即將前往的城市之熱烈情懷。我離開巴里 Bari 後，搭車前往那號稱世界最古老的城鎮，馬泰拉。

‧《耶穌受難記》拍攝地

馬泰拉位於義大利南部巴西利卡塔大區，是馬泰拉省的首府。然而，我為什麼會選擇來到這裡呢？這跟多年前我在羅浮宮看到的一幅

義大利畫家曼帖那‧安德列阿 Mantegna Andrea 的作品《Crucifixion》
有關。此畫中文翻譯為《神聖的救贖》，或《耶穌被釘十字架》。那
是一幅面積不算大的畫作，長寬各約一百公分的尺寸，對於館藏豐富
的羅浮宮來說，很容易被絡繹不絕的遊客給忽略過，但不知為何，它
遠遠地在那吸引著我的目光。我近身走向前，仔細一瞧，那是一幅描
繪耶穌被釘上十字架上的場面，而吸引我的卻不是眼前的宗教主題，
而是畫中人物身處的背景，遠方的石窟山谷，令我想起 2004 年由梅
爾‧吉勃遜拍攝的電影《耶穌受難記》。

　　《耶穌受難記》的實際拍攝地點正是馬泰拉，該電影主題是依據
聖經中的描述，還原耶穌被猶大出賣，然後被羅馬士兵釘上苦刑架的故
事。當時電影的拍攝地就和眼前的畫作背景十分相似，據說那是世界上
最像二千多年前耶路撒冷的原貌所在地。那時站在羅浮宮這幅作品前的
我，暗地告訴自己：有天我想去看看這個曾被世界給遺棄的角落……

‧ 薩西 Sassi：美到極致的景色，苦到極致的居民

　　說起馬泰拉的歷史，最早可追溯到舊石器時代，它位於格拉維納
Gravina 河所切割的小峽谷之上，就地理位置來看，它十分貧瘠，是一個
不適人居住的地方，卻是文獻記載上義大利最早有人定居的所在。

　　望向眼前一大片位於山丘上的石窟，在這裡，我看到了集體的力
量，人類求生的本能，西元前 3 世紀，古羅馬人克服了先天貧瘠的條
件，用雙手在這裡開鑿了一群群的石灰岩洞，將這裡慢慢形成了人類

的岩居區。這樣的石屋區在義大利文中，稱為 Sassi 薩西，也就是石頭、岩壁的意思。

8 至 13 世紀時，這一個個洞穴曾是僧侶用來逃離拜占庭帝國迫害的避難處，光是大大小小隱身在石窟裡的教堂便有一百五十多座，虔誠的僧侶們在石壁上雕刻或用顏料描繪出聖經上的聖像與故事。雖然時至今日，牆上的壁畫已斑剝脫落，但那曾經都是歷史與信仰的痕跡。

古城薩西是沿著格拉維納河峽溝發展出來的城市，一個個由山谷壁崖建成奇特的穴居山城景觀，多面的建築宛如地下迷宮般的住宅系統，層疊交錯，讓人嘆為觀止，震懾不已。這裡不像時尚的米蘭，沒有打扮入時的人們，不像波光粼粼的威尼斯，沒有人群擁擠的光觀光客，更不像充滿藝術的佛羅倫斯，沒有文藝復興的璀璨與繁華，它就像個睡美人，靜靜地沉睡著，雖然孤獨但又堅強。

當我第一眼看到老城時，心中卻感到無比地震撼，一整片灰色磚石的房舍，沿著彎曲的石板街，層層疊起！站在一大片石窟區城裡，眼前的我益發渺小，走在綿延起伏的石板路上，走進布滿青苔的洞穴裡頭，濕冷陰暗。當時的人們，是攜家帶眷連同牲畜一起居住在裡頭，陰暗的隔間，沒有電燈，吃飯，睡覺，洗衣，燒飯，床的旁邊也許就是牛羊豬狗住的地方，所有生活起居都在這裡，通風不良，糟糕的衛生條件讓這裡成為了死亡與疾病的溫床。

1945 年被流放到馬泰拉的義大利作家卡羅‧列維 Carlo Levi 曾在《耶穌止步埃波利》 Crisot si fermato a eboli 一書中，對薩西區有

段描述：

　　這裡的石洞美到極致，但居民卻苦到極致。村莊裡的人民非常貧窮，他們缺乏基本生活的商品，因為村子裡頭沒有商店，只有微薄的麵包、番茄和油作為平日的飲食果腹。整個地區只有一台汽車，更別說是任何現代物品。幾千個居民都跟動物生活在一個個石窟裡，瘧疾與傳染病奪去了許多村民的生命，因為整個鎮上只有二位醫生。

　　這本書一出版，喚醒義大利政府對於馬泰拉的關注。這個宛如人間煉獄般被人們給遺忘的城市，頓時成了政府不得不接手整頓的燙手山芋。1950 年代義大利政府為了提升當地人民的生活水準，在旁邊建立了新城，分為兩區：北邊名為巴利薩諾石窟 Sasso Barisano，南邊的叫卡維奧索石窟 Sasso Caveosa，並且進行了一連串的居民搬遷計畫。殊不知成效不彰，反而讓這裡成了窮困流民們的聚集地，骯髒惡臭的生活環境，宛如鬼城。

　　直到 1980 年代，政府再次整頓，他們輔導居民將石窟洞穴改建

成旅館、餐廳、酒吧、販賣紀念品的小店，提升了居民的經濟水平，也改善了他們的生活環境。1993 年聯合國教育科學文化組織更將馬泰拉的薩西區石窟民居與教堂歸列為世界文化遺產。有了這樣的認證加持，觀光客開始注意到了這座具有千年歷史滄桑感的古城，遊客也開始絡繹不絕地造訪。

· 躲得過宗教迫害，躲不過歲月滄桑

千百年前，耶穌基督的光，也曾照亮馬泰拉。

太初有道，萬物在道內有生命，這生命就是人類的光。光在黑暗中照耀，黑暗無法勝過它。

——《若望福音》第 1 章第 1 至 5 節

馬泰拉穴居群中曾有幾百座洞窟教堂，據說是 8 至 13 世紀遭伊斯蘭教徒迫害的土耳其基督徒逃到這裡後開始建造的。所以，前面那句話，也可以改為：耶穌基督的光，也曾指引基督徒（或說天主教徒）找到馬泰拉。

馬泰拉是座擁有獨特壯麗景色的城市。我沿著石板路走向山頂，望向那最醒目的教堂尖塔。我深信，這裡的每一塊石頭都有它自己的故事，每顆腳下踩著的石子都是一段歷史，從古羅馬到倫巴底，從拜占庭到諾曼人 Norman ，政權交替，時光變遷，多少滄桑。在這裡，即便千年，我想也是風吹一瞬的事情。時間在這裡記錄了一頁又一頁的故事，然而是什麼原因讓這裡的居民甘願被世界遺棄、遺忘呢？

在這裡，生命成了荒謬與毫無意義的存在。我沒有辦法想像人與牲畜同住的生活場景，我沒有辦法想像那些為了避開宗教分裂的僧侶們，長年累月地躲在暗無天日的石窟洞穴裡。僅存的那一份信仰，真的有那麼強大的力量嗎？

我記得曾參觀過的巴黎公墓，在那裡，連死亡都是一種美學。一座座精美細緻的大理石雕塑矗立在墓碑前，讓那些在公墓裡躺著的亡者，連死去都是種美麗。然而，馬泰拉這座城市裡的居民，在 1980 年以前過著的是什麼樣的日子？日復一日，不見天日的卑微與殘酷……，他們比躺在公墓裡的亡者還沒有尊嚴。我望向遼遠的天空，炙熱的陽光讓我睜不開眼。在這裡，頭上的這片天空曾經出現過彩虹嗎？曾有過棉花糖般的雲朵嗎？這些問題，到今天為止，我仍舊沒有答案。

　　如今還住在老城裡的居民已寥寥無幾，多數石窟都已人去樓空，居民大都住在新城區裡。這些石窟如今成了觀光客的朝聖地，甚至有些石窟還作為藝術展示區，或是舉辦音樂節來使用。如果你夜晚來到老城區，其破敗與荒涼，肯定叫你油然心生恐懼，只想逃之夭夭，難怪它被稱為鬼城！

　　此時，天色漸漸暗了下來，入夜之後，新城石窟區裡點上燈火，亮晃晃的的燭光，有著美麗的夜色。那裡的飯店餐廳林立，觀光客此起彼落的暢飲歡笑，而老城依舊靜靜地矗立著。二千多年來它寂寞嗎？此時我不忍直視它，頭也不回地搭上車離開這個城市。午夜夢迴，每當我想起馬泰拉，總令我有著那麼一點哀傷與悲壯……

　　Sassi http://www.sassiweb.com/home/

二、那不勒斯省 Napoli

1. 卡普里島 Capri ：打翻上帝的調色盤

　　卡普里島是奧古斯都大帝用大四倍面積的伊斯基亞島 Ischia 換來的，更是羅馬皇帝提比略選擇退隱的地方，提比略在島上度過了整整十個春秋，最後長眠於此。

　　卡普里島位於義大利西南邊那不勒斯灣 Golfo di Napoli 上的一座

小島，由於島上並無航空設施，所以往來全靠水路船隻運輸。藏身在
蔚藍海水中的卡普里島，從羅馬共和國以來就是歐洲的旅遊勝地。從
海面上望去，不少令全世界富豪憧憬的島嶼別墅，就隱身在懸崖邊一
大片綠樹叢林內，夏季時溫暖的陽光灑落在大海上，隨著白浪交織的
層層波光，像極了一顆顆的寶石閃耀著光芒。浩大的海域和獨特的自
然景觀，從古至今，不知道吸引了多少人踏上這塊美麗的土地。

　　島上分為卡普里及安納卡布里 Anacapri 兩個地區，這裡是歐洲人
最喜愛的夏日度假勝地，島上的名店街高檔飯店林立，到了夜晚，餐
廳更是門庭若市，高朋滿座。另外，千年海水侵蝕形成的藍洞 Grotta
azzurra ，是全世界僅有的幾個海蝕洞之一，地點位在安納卡布里區，
是卡普里島上最令人驚嘆的景點。

· 藍洞：提比略皇帝私人浴場

　　相傳統治羅馬的皇帝提比略·克勞狄烏斯·尼祿 Tiberius

Claudius Nero，因為兒子辭世，再加上與親族關係惡劣，導致他萌生離開羅馬的念頭。有天這位任性的皇帝竟然連招呼都沒打，就離開羅馬。臣民以為皇帝只是出去玩，沒想到這一去就是十年，直至過世都沒回到羅馬。這十年他隱居在卡普里島懸崖頂上的這座朱庇宮殿 Villa Jovis 裡，靠著與他指定的代理人以及元老院之間的書信往來，控制著奧古斯都大帝留給他的宏偉帝國。

提比略在卡普里島上修建了十二棟別墅，朱庇宮殿是規模最大的，也是他最常居住的。而如今二千多年過去了，其他的宮殿早已灰飛煙滅，只剩下它，殘缺地立在懸崖上。我氣喘吁吁地爬上懸崖，位於宮殿後方有有一道石梯，再往上爬，可以眺望那不勒斯灣 Golfo di Napoli，蔚藍的海岸美景盡收眼底。

在著名的藍洞，當時也是提比略的私人浴場及天然游泳池，主入口處，有兩條水上通道，可以直接通往朱庇宮殿。皇帝曾在入口處的崖壁上塑了各種造型大大小小的海神像，如今這些海神像，分別藏於卡普里和那不勒斯的博物館。

提比略去世之後，由於當地人認為藍洞是女巫和水怪們的居住

地，幾乎從不進洞也不對外人提起，直至 1826 年，德國詩人奧古斯特·科皮施 August Kopisch 和風景畫家恩斯特·弗里斯 Ernst Fries 在卡普里度假下海游泳時，發現了藍洞，回去後發表了遊記，至此之後藍洞引來無數的探祕者。1869 年，馬克·吐溫也造訪了藍洞，回國後將他的見聞寫進了《傻子出國記》中，藍洞因此變成了熱門觀光景點。

· 藍洞：一眨眼便跌入了藍色的夢境中

然而，想要一睹藍洞真面目其實需要一些機緣，因為一年之中僅有幾個月的時間能進入，風浪太大時，船夫根本不開船。惡劣天候下，若硬要冒險闖入藍洞，很有可能會被波浪甩到岩石上。此外，漲潮時水位較高，洞口會被海水淹沒，同樣不得其門而入。

建議到卡普里島度假的旅人，夏天是最合適的季節，可以在島上多停留一天時間，一早跟飯店詢問當天是否開船，這樣進洞的機率較高。我此次抱著入寶山絕不空手而回的決心，於是選在 8 月造訪，而且就住在安納卡布里島上。早上用餐時，便馬上詢問飯店當日氣候狀況。服務人員說：「今天的天氣和海象都好得不得了！」於是我興高采烈地換上適合服裝，趕緊搭車前去。

一般而言，進入藍洞有兩種方式：若從水路，可至卡普里島的碼頭，那兒有大船航行至洞口，在接駁處換乘小船進洞；倘若住宿於安納卡布里地區，可以直接從陸路比較方便，可詢問飯店或是民宿，搭乘公車前往。或者試試看我的行程安排：搭乘島上的敞篷計程車，先去島

上觀光一圈後，再請司機直接抵達洞口上方的小路，下車後直接從小路往下走，洞口就在樓梯的正下方；不過，一樣要換乘接駁小船進入。

藍洞入口僅一米寬，洞口不高。洞內空間約長五十四米，高十五米，水深二十二米。進出此一海蝕洞，一般是由船夫拉著洞口上方的鐵鍊，此時遊客們須平躺在船上，才能滑進洞裡。洞內同時能容納三四艘小船，但每艘船在洞內僅能短暫停留約五分鐘。這裡是卡普里島最擁擠的地方，排隊入洞的小船終日絡繹不絕。

我興奮地搭著小船朝著那小小的神祕洞口前進，船身不時隨著海浪搖晃著。突然，船夫大喊一聲：全部躺下！船上所有人瞬間平躺，一剎那間，我們從豔陽高照的大白天，滑進那聲名遠播的洞穴內。霎時，柳暗花明，眼前閃耀著藍寶石般的迷人光芒。多麼奇妙！才不過一眨眼的瞬間，我彷彿跌入了藍色的夢境中。此時我不禁讚嘆著：海水怎能如此地美，這抹藍是什麼藍？土耳其藍？蒂芙妮藍？寶石藍？這妙不可言的藍色，我想，是上帝為了藍洞而特別調製出來的吧！

在洞內時，船夫們還會一邊哼著古老的義大利著名船歌〈聖塔露琪亞〉（Santa Lucia，露琪亞指的是守護那不勒斯的聖女），渾厚的嗓音在巖壁間迴盪著，令人陶醉。我們在洞內繞了一圈後，便慢慢地滑行出去。船一出洞口，炙熱刺眼的陽光，瞬間將我從藍色的夢境中給喚醒過來。

真是不虛此行啊！這輩子得以遊歷此一夢幻祕境，雖然只有短短幾分鐘，卻帶給我無比珍貴的回憶，藍洞絢麗的色彩，就這樣深深刻

印在我的腦海裡。

從藍洞回到島上，我們直接去了著名的檸檬餐廳。這位老闆非常聰明，利用卡普里島盛產的檸檬，在餐廳裡搭建棚架，盛產檸檬的季節一到，黃橙橙、碩大的果實在分落在座椅的上方，不時還飄散著酸甜的檸檬香氣，那景象真是扼殺了不少底片。我們選擇坐在臨海的餐桌旁，微風不時拂過我的臉龐，真是舒爽。此時肚子也差不多餓了起來，島上什麼最好吃？四面環海的卡普里島，你說呢，當然就是海鮮囉。一尾尾叫不出名子的魚、鮮甜的蝦，以及道地的義大利麵，我想這餐盤上令人垂涎不已的美味，是這片大海贈予最奢侈的禮物。

・檸檬利口酒：盛夏裡的一抹酸甜

幾次夏天到南義度假，車子沿著阿瑪菲海岸線一路奔馳，當看到路邊開始有攤販擺上一顆顆比芒果還大的黃檸檬時，我就知道度假的地方到了。不論是在索倫托 Surriento 、卡普里島，甚至整個阿瑪菲海岸線的街道上，幾乎家家戶戶皆有栽植。在那裡，檸檬是水果，也可以是調製佐餐的醬汁，更可以釀酒，或是在炎炎夏日，消暑的檸檬冰沙。尤其是夏季開始，黃橙橙碩大的檸檬，讓空氣裡散發著淡淡柑橘香，也形成了特有的南義鄉村風光。

這裡的檸檬品種費米耐羅聖特雷莎 Femmi-nello Santa Teresa，索倫托檸檬 ，和一般我們所看到如雞蛋大小的黃或綠色的品種不同，不灑農藥，每顆都超過拳頭大，像芒果一般大小的稀鬆平常。此一品

種檸檬，有的乍看之下以為是柚子呢，皮厚但柔軟，口感略帶酸甜味，果實子較少，香氣十足，非常適合製作檸檬酒。這種檸檬利口酒 Limoncello，是義大利很常見的餐後酒，酒精濃度高達 35%，些許酸甜，一小口喝下，喉韻回甘，略帶苦味。由於檸檬中富含維生素 B1、B2、維生 C、檸檬酸等，具有高度營養價值和抗氧化作用，深受義大利人喜愛，在飯後來杯檸檬利口酒有助消化也解油膩。

　　另外，還有消暑的檸檬冰沙，至碼頭下船後，大街小巷的咖啡廳、餐館裡，甚至是觀光客多的路邊攤販，皆有販售。當然，檸檬相關製品種類紛繁，諸如：檸檬香水、檸檬香皂、檸檬蠟燭、檸檬巧克力、檸檬糖等，琳琅滿目，可謂送禮自用兩相宜。

🎙 2. 唐・阿爾豐索 Don Alfonso 1890 ：全世界最古老的酒窖

・ 一個多世紀以來，世代相傳的熱情好客歷史……

有天打開社群網站，發現遠方的朋友跟我分享一間位於南義的米其林二星餐廳，唐・阿爾豐索，其白色簡潔及繽紛優雅的粉紅色內裝，庭院裡紫藤花一串串地掛落在花架上與紅白相間的條文沙發，構成了充滿濃濃異國情調的畫面，頓時吸引住我的目光，但最吸引人的還是餐廳內的酒窖。朋友說：「這個酒窖有著二千多年的歷史……」

二千多年？有可能嗎？秉持著眼見為憑的態度，理所當然，夏季的南義度假之旅，這家位於聖阿加塔 Sant'Agata 的餐廳已放入我的口袋名單中。

聖阿加塔坐落阿瑪菲和索倫托海岸之間，是一個人口只有三千多人的小村落。小村莊距離波西塔諾 Positano 和索倫托僅幾公里，唐・阿爾豐索餐廳是總主廚（餐廳名稱即其本名）家族於 1890 年創立的，妻子莉維亞 Livia 來自時裝世家，一舉手一投足間都散發著優雅的氣質。

這座莊園不僅擁有餐廳，還開設飯店和烹飪學校，因此很多遊客在這裡一待就是好幾天。抵達時天色已晚，我簡單梳洗一番便往餐廳走去。映入眼簾的是純白色、嫩粉與紫色格調的內部裝潢，給人一種明亮、溫馨卻又不失高雅的感覺。我向服務人員詢問了關於餐廳酒窖

的一切，服務生親切地說：「餐廳經理可以親自帶我去參觀。」隨後我踩著雀躍的步伐跟著經理往餐廳後方走去，走過對面的戶外花園，進入迴廊往內廳的方向，繼續順著樓梯往下。經理一面不疾不徐地介紹，一面提醒腳蹬高跟鞋的我當心足下。

「酒窖原本是廢棄的倉庫。五十年前，有個員工某天打掃屋子時，突然發現建築物下方有個地道。餐廳於是請來相關人員勘查，結果發現原來是二千多年前古羅馬人用來逃生或躲藏的地洞。地窖總深二十五公尺，很適合利用地底的自然溫度及濕度來保存酒，我們還在酒窖盡頭存放起司。目前藏酒約二萬五千瓶，有將近一千五百種品牌，是現今全世界最古老的酒窖空間，我想任何你想得到的最有名氣的酒莊的酒這裡都有。」經理頭轉向我，面帶親切的微笑說著話。

我禮貌誠懇地向她提出請求：「我可以繼續沿著樓梯往下走，看看酒窖盡頭存放起司的地方嗎？」

經理回答：「當然可以啊，不過酒窖低溫，濕度也高，樓梯也特別陡，千萬要小心別摔跤了。」

二十五公尺說長不長，說短也不短，我蹬著高跟鞋，亦步亦趨地跟著，扶著把手往下走，深怕一腳踩空。石梯兩旁都擺放了瓶裝酒，這些珍品在專業侍酒師的手中，是餐廳供應精美料理時的絕佳搭配，沿著旋轉樓梯而下，存放在盡頭的起司懸掛在上方與鐵架子上。善用二千多年前遺留下來的古老空間，再加上大自然的溫度，取代了低溫保存的冰箱，來當作餐廳的酒窖，真是太聰明了。

· 義式橙汁嫩煎鴨胸：文藝復興貴族們的最愛

參觀結束回到餐廳後，我點了餐也請侍酒師配好了酒，女主人莉維亞前來打招呼。親切隨和的她，可是餐廳的最佳公關，任何有關餐廳的報導一定有她美麗的身影。這時，我一邊用餐，一邊聽她娓娓道來關於這個莊園的點點滴滴。

「對於我們來說，美味佳餚是在田間完成的，就像葡萄園裡的優質葡萄酒一樣。這個莊園分為好幾個部分，讓來訪的客人可以享受到義大利南部最美的景色。」

「我們有烹飪學校，最短的為期一天，也可以專門為訪客安排客製化的相關課程。另外，我們還擁有分布在索倫托半島區域近七公頃的有機農場，那裡生產精美的特級初榨橄欖油、阿瑪菲海岸著名的檸檬利口酒，以及餐廳內主要使用的有機蔬菜等。」

從莉維亞說話的神情和內容，可以看得出來，對於食材的講究，一直是這家餐廳的堅持。

我一邊仔細聆聽，一邊津津有味地享用著橙汁嫩煎鴨胸這道料理，相信喜愛吃法國菜的朋友對它一定不會陌生，只是可能覺得奇怪：為何在義大利餐廳點法國菜吃呢？其實，你問任何一位義大利廚師，他都會告訴你：「橙汁煎鴨胸可是道地的義大利料理唷！」相傳早在文藝復興時期，貴族們就十分喜愛這道料理，甚至在佛羅倫斯梅蒂奇家族的凱薩琳公主遠嫁法國的時候，隨行的義大利廚師還將這道菜帶進了法國皇宮，而且很快便在法國貴族間掀起了一陣橙鴨旋風！

・Fiano di Avellino：那不勒斯王也醉心的美酒

　　將油脂豐富的鴨皮煎得焦香酥脆，鴨胸也煎至恰到好處的五分熟，肉質軟嫩而不柴口，加上南義產的香橙與摩德納香醋還有櫻桃做的醬汁，解膩又香甜，而侍酒師則是選擇 Fiano di Avellino（指阿韋利諾生產的菲亞諾白葡萄品種）頂級白酒來搭配這道菜。

　　Fiano di Avellino 白酒來自南部那不勒斯附近的阿韋利諾 Avellino 鎮，這個鎮盛產葡萄、橄欖及榛果。由於南部氣候炎熱，葡萄大部分熟程度很高也相對較甜，吸引很多蜜蜂採蜜飛舞，於是這裡產的菲亞諾葡萄品種又稱為 Apianum，在拉丁文 Api 即蜜蜂的意思。相傳中世紀的那不勒斯王也醉心於這種葡萄酒，甚至在皇家的葡萄園中種植一萬六千多株葡萄樹。這款連蜜蜂也喜歡的葡萄釀造出的酒，果香十分濃厚，帶有蜂蜜及柑橘的氣味，口感濃郁飽滿，色澤較深，對上了味道較厚重的煎鴨胸，很般配。

　　在用餐的過程中，我不難發現，廚師意圖將義大利傳統的區域性美食在菜單上大幅度地保留，有別於很多餐廳的新潮改革，它們更注重義大利菜色上的根源與文化。

　　結束用餐後，我入住了莊園的飯店，又被稱為詩人之家，曾經是 19 世紀那不勒斯詩人薩爾瓦托・迪・賈科莫 Salvatore Di Giacomo 的避暑別墅。飯店總共八個房間，推開房間門，內裝採用古董家具設計，柔和溫潤的色彩靈感來自地中海盛開的花朵色調，繽紛的淡紫色、黃色、橙色和粉紅色，這些炫目的花朵在海岸上綻放。入夜後的莊園，

鳴蜩嘒嘒，流螢閃爍，迴廊上和餐桌上的燭光朦朧浪漫，這晚我伴著微醺的酒意入夢。

早晨，我被花園中的鳥叫聲給喚醒，寬敞明亮的窗戶透映著南義的豔陽天光，牆壁上精巧手繪的瓷磚壁飾和藝術家美麗的畫作盡收眼底，梳洗完後，管家送來了他們自製的麵包和自家有機農場栽種的蔬果。這美味營養的早餐，延續著昨晚的地中海美食，開啟了我美妙的一天。

有別於卡普里島的熱鬧，8 月的聖阿加塔小鎮悠閒慵懶，人潮稍歇的午後，我躲進小而美的泳池畔，臥坐在躺椅上，往外看去盡是綠意蔥籠。此時，鳥鳴雀噪翠葉綠枝間，豔陽高照暖洋洋。在這小小的一方空間裡，遠離塵囂，靜想獨處的美好時光。

此時我耳邊彷彿響起英國歌手凱特‧瑪露 Katie Melua 的歌聲：

不用逃離，也不用躲避，人生本已美滿無缺。不用笑嘻嘻，也不用哭喪著臉，人生本已美滿無缺。

這裡很適合旅人待上二三天好好地享受，無論是烹飪課程或是精緻美食，哪怕是帶本書在涼椅上度過一下午都非常愜意。

Don Alfonso 1890 www.donalfonso.com

3. 莫札瑞拉乳酪：胖嘟嘟的水牛起司

莫札瑞拉乳酪 Mozzarella di Bufala，是一種使用水牛乳製作的乳酪，長期以來一直備受老饕們的喜愛。這一顆顆白白胖胖的莫札瑞拉起司，柔軟的口感、溫和簡單的味道，一直是義大利料理中不可或缺的靈魂食材。

相傳莫札瑞拉乳酪的歷史十分悠久，在一千年前，義大利南部坎帕尼亞大區 Campania 與普利亞大區 Puglia 之間，沼澤地上放養著一群群的水牛。在那時義大利已經有喝牛乳的習慣，只是這些每天在沼澤地打滾的水牛乳，味道實在是不怎麼樣，但當地人發現，水牛乳的固形物含量高，乳脂更是一般乳牛的兩倍，於是聰明的義大利人，將水牛乳用來製作乳酪，也就成了現在我們看到的莫札瑞拉乳酪。

莫札瑞拉乳酪中內含大量的鈣質、礦物質、蛋白質等，營養成分高，脂肪含量低且容易消化，在義大利和歐盟法律的保護下，莫札瑞拉起司受到歐盟原產地名稱保護制度（Protected Designation of Origin，簡稱 DOP）認證的嚴格控管。

只有坎帕尼亞、普利亞、羅馬所在的拉奇奧大區 Lazio 南部以及莫里賽大區 Molise 的韋納夫羅 Venafro ，這些地區生產的水牛莫札瑞拉乳酪，可以冠上 mozzarella di bufala DOP。這類型的乳酪一開始的製作過程跟一般乳酪差不多，比較不同的是，水牛乳酪會泡在乳清內較久的時間，為的是增加乳酪內的酸性。接著把凝乳放入熱水中，此時製乳工人必須不停地運用雙手，揉擀或拉扯，時間約十五至三十分鐘，這手和木棍兩者齊下，揉捏拉之間的力道，才是考驗製乳工人們功力的訣竅。力道一重一輕，時間一長一短，都是一門大學問，任何一個小差錯，就會讓乳酪碎掉或是變成硬梆梆的橡皮。另外，依規定必須使用生乳裡面的天然菌種 Siero innesto 或 Latte innesto ，不得加入商業乳酸菌。

從地圖上來看，這水牛乳酪產區的帶狀分布路線也被稱為莫札瑞拉大道 Le Strade della Mozzarella ，在每年年底到隔年 4 月中，也會舉行莫札瑞拉美食節。

新鮮的水牛乳酪含水量高，外形圓潤，色澤純白，像極了一顆顆的小包子，十分討喜。味道濃郁，入口滑嫩，在義大利料理中，和番茄稱得上是絕配。灑上海鹽，淋上特級初榨的橄欖油，就很美味。

4. 那不勒斯：傳統 VS 新潮，優雅 VS 混亂

· 讀懂那不勒斯，不需要太久

　　某年夏天，我從阿瑪菲海岸沿線結束我的夏季旅程後，便和友人一同開車前往那不勒斯，一進入市區，穿過混亂的車流，導航便不行了，它將我們引導到一處只有單向的行人道去。街邊的小販操著濃厚的口音，指手畫腳叫嚷著：這裡不准進入！沿街刺耳的喇叭聲，頓時，我嚇得不知如何是好。所幸開車的朋友馬上倒車出來，再將車停放在附近街角的停車格裡頭，一行人這才放下心來。

　　在很多台灣遊客的眼中，那不勒斯聲名狼藉：治安不好、髒亂、毒品、遊民，車子與行人都不守秩序，等等，惡行惡跡不勝枚舉。總之，對很多旅人來說，它是一個需要時時提高警覺的城市。

　　我下了車，走進街道，抬頭望向遠處的天際線：只見一幅幅奇形怪狀的招牌凌亂突出於建築物外，街兩側房屋的陽台，一件件衣服晾

掛在曬衣繩上，像極了萬國旗，遮擋住了我望向天空的視線。我想這就是那不勒斯拿最真實的住宅面貌吧。

　　街巷兩旁多得是販賣著山寨版的包包、皮帶，與各式各樣紀念品。一間間賣披薩與當地名產油炸餅的食肆，莫不生意紅火，排隊人龍一個比一個長。每家都說自己歷史悠久，每家都說自己最好吃。店門口，不時還可以看見店老闆和名人的合照，有的顏色泛黃，有的是黑白照，用來加持，吸引遊客。街邊窄巷裡，不知落了雙鞋的赤腳孩子，依舊在路邊心無旁騖地玩著他的玩具，衣衫襤褸地蹲在牆角乞討的黑人，兩眼空洞地望著我，空氣中混雜著油炸味與咖啡香，興許還帶有一點窯烤披薩的羅勒香氣……。這座城市，用氣味吸引著我：歡迎來到那不勒斯，這是我對這裡的第一印象。

· 平民表決廣場 Plebiscito

　　那不勒斯人瀟灑隨性，玩世不恭。他們悠閒地侍弄著自己的希臘花園，深知羅馬人對希臘文化多麼敬畏。它的希臘風骨是一場復仇，是獨特的溫柔一刀。

——彼得．羅伯 Peter Robb《那不勒斯街頭戰》
Street Fight in Naples

　　幾百年來，那不勒斯人自稱身上流著希臘人的血液，有文化底蘊。這裡地勢絕佳，那不勒斯坐落在遼闊的那不勒斯灣，俯瞰風景如

畫的卡普里島 Capri 和伊斯基亞島 Ischia ，是往龐貝、阿瑪菲海岸、卡普里島、西西里島最佳的樞紐點，最早這塊土地是由希臘人占領，然後是羅馬人，再來是諾曼人、西班牙人甚至義大利人，直到今天，有組織的犯罪在當地仍然十分猖獗，刻畫了這座城市一段又一段驚心動魄的歷史。

> 管它法國、西班牙，只要有飯吃，我就無所謂。
>
> ——那不勒斯格言

這就是那不勒斯人的政治信念，對待權力爭奪的爾虞我詐，兩手一攤，好像跟他一點關係也沒有。

19 世紀初，那不勒斯國王命人建造了這座廣場及廣場旁的教堂建築，用來取悅拿破崙。在 1860 年，廣場上舉辦了公民投票，決定那不勒斯加入義大利王國。這裡是那不勒斯最大的戶外廣場，距離市中心的鬧區非常近。

往人多的地方走去，便是翁貝托一世長廊 Galleria Umberto I ，建於 1887 年， 與米蘭大教堂旁的伊曼紐二世迴廊 Galleria Vittorio Emanuele II 齊名，出自同一位建築師之手，外觀極為相似，可規模小了些，華麗感、時髦感也略遜些。長廊的中央，有著馬賽克拼貼的東西南北方向的磁磚，四周圍繞著十二星座的圖騰，這裡是那不勒斯的熱門網美拍照點。迴廊上方十字造型的中心，是拱形的玻璃穹頂，當外頭的光線透過玻璃照射進長廊，典雅的穹頂在藍色天空的映襯下，

顯得格外美麗。長廊兩旁林立著咖啡廳、平價時裝與觀光客最愛的紀
念品店，即便是盛夏的旺季，遊客三兩成群，氣氛愜意悠閒；和米蘭
的伊曼紐二世迴廊裡，觀光客擁擠的景況，截然不同。

· 新堡有凱旋門，蛋堡曾受咒詛

　　往廣場另一端看得見海的那方走去，有座深咖啡色的龐大建築，
位在海的前端，那就是新堡 Castel Nuovo，曾經是那不勒斯王國的第
一位國王查理一世的宮殿。乍看之下，新堡的外觀並不華美，唯在城
堡的入口處，聳立著文藝復興風格的凱旋門，氣勢頗壯觀。雖然是國
王居所，但特殊的建築，其實更多的是防禦外敵入侵的功能，現在則
作為博物館。

　　距離新堡不遠處還有一個城堡，稱為蛋堡 Castel dell'Ovo，12 世
紀由諾曼第王朝的威廉一世所建，因身處海事要塞，所以當時具有防
禦的功能。後來新堡建成後，蛋堡有好一段時間淪為監獄之用。在那
不勒斯當地，有個家喻戶曉的傳說：城堡下方，在中世紀時期，曾被
巫師放置了一顆雞蛋，並下了詛咒，如果雞蛋破碎，城堡便會消失，
且會為整個那不勒斯帶來空前絕後的災難。這個詛咒是真是假已無從
考據，至今，蛋堡佇立在海港邊已過千年。每當晚霞燒紅半邊天，站
在蛋堡入口前的石橋上，欣賞著落日緩緩沉入海面下的美景，眺望遠
方的聖塔露琪亞港（或譯聖露琪亞、桑塔露琪亞），什麼詛咒，都已
隨風而去。

· 聖塔露琪亞港：讓所有詛咒都隨風而去

看晚星多明亮，閃耀著金光。

海面上微風吹，碧波在蕩漾。

在銀河下面，暮色蒼茫。

甜蜜的歌聲，飄蕩在遠方。

在這黑夜之前，請來我小船上。

桑塔露琪亞，桑塔露琪亞！

看小船多美麗，漂浮在海上。

隨微波起伏，隨清風蕩漾。

萬籟皆寂靜，大地入夢鄉。

幽靜的深夜裡，明月照四方。

在這黎明之前，快離開這岸邊。

桑塔露琪亞，桑塔露琪亞！

這是聞名全世界的義大利那不勒斯民謠〈桑塔露琪亞港〉 Porto Santa Lucia ，鄧映易的中文譯詞。

在那不勒斯灣靠西邊海岸的那一區漁港，當地人稱之為聖塔露琪亞。露琪亞 Lucia ，是位曾經為基督教殉教的女孩，在她死後，被尊稱為聖者 Santa = Saint ，守護著那不勒斯。而 Lucia 一詞，在義大利文裡也有光明的意思，於是 Santa Lucia 有時也被翻譯為光明女神。

這首民謠，歌詞內容描述那不勒斯灣聖塔露琪亞港口夜晚的美麗

景色，一名船夫請客人趁著傍晚涼風習習，搭他的船出去兜一圈。據說，早在中世紀時期，這地方的船夫即已開始傳唱這首歌謠，讚美著聖塔露琪亞港的美麗夜晚。

　　早期的小漁村，如今已被壯觀的建築和寬闊的大道給取代，但傍晚時分，落日的餘暉，滿天的煙霞，那如詩如畫的美景，依舊動人心魄。

　　見了那不勒斯，死而無憾。

　　　　──亨利．詹姆斯 Henry James《黛西．米勒》*Daisy Miller*

　　美國 19 世紀寫實主義小說家亨利·詹姆斯，在這本代表著作中，描寫一個單純、直率的美國女孩 黛西 ，對擁有悠久文明的歐洲，表現出赤子般天真的無限仰慕之情，卻沒能洞悉那高尚優雅的風度和無可挑剔的品味背後的腐朽和墮落，與一冒牌紳士交往。結果，不幸為自己的自由奔放性格過早地付出了生命的代價。

　　那不勒斯，帶點江湖氣息的城市，挨挨擠擠的舊屋，屋頂上眼花撩亂的衛星接收器，密密麻麻的小屋沿山而建，繁忙的工業港及遙遠的維蘇威火山，這些城市景象，和瀰漫文藝氣息的佛羅倫斯、因昔日榮耀洋洋自得的羅馬、性感誘人的威尼斯，截然不同。

　　那不勒斯，傳統與新潮的交會，優雅與混亂的碰撞，混搭得如此絕妙，如此得宜！倘若你也和我一樣喜愛義大利，那麼那不勒斯非常值得你前往探尋遊歷，相信你會和我一樣，沉醉於它的風情萬種……

5. 拿坡里披薩：義大利最偉大的食物

· 披薩店像台灣小 7 超商一樣隨處可見的國度

　　在台灣，偶爾想念義大利時，我會到熟識的義大利餐廳，點上一份瑪格麗塔披薩 Pizza Margherita，把滿懷的思念給吃進嘴裡。嘿嘿，可別輕看這小小一片披薩，對義大利的那不勒斯人來說，這可是他們最自豪、最偉大的食物呢。也許你會覺得我有些誇大不實，質疑道：一片披薩能有多偉大？不就是一片披薩嗎？和一盤義大利麵、一盤頓飯有何不同？……

　　2017 年，那不勒斯披薩名列聯合國教科文組織 UNESCO 的無形文化遺產。根據聯合國教科文組織的說法，披薩能促進社交聚會和世代交流，而披薩職人 pizzaiuoli 則串起社區的關係。說得真好！

　　現在你知道了吧？這一片小小的披薩，對那不勒斯人來說真是何其偉哉！美哉！

來自汗水的麵包，味道總是更好。

Bread that comes from sweat tastes better.

——義大利俗諺

話雖如此，然而在那不勒斯，披薩絕對不僅僅是一片麵包、一頓餐食而已。對他們而言，披薩更像是一種歷史悠久的工藝，甚至他們以製作披薩的技藝為傲。

隨著時代的進步，製作披薩的手法日新月益，口味愈來愈多變化，那不勒斯當地的披薩師傅非常擔心傳統的拿坡里（即那不勒斯）披薩，會被工廠大量生產的冷凍披薩給取代，於是在 1984 年成立了正統拿坡里披薩協會 Associazione Verace Pizza Napoletana，簡稱 AVPN，旨在保護傳統拿坡里披薩的技術。該協會更在 2005 年，向歐盟申請屬於拿坡里披薩的認證 Specialita Tradizionale Garantita，簡稱 STG，地方特色傳統認證 ，唯有符合 STG 的法定條件，才能夠稱為正宗的拿坡里披薩。該協會的製作可是有一套標準流程，從原料、麵粉、水、酵母、製作方式、起司、烤爐的製作和窯烤溫度、時間及製作程序和方法等所有環節都有嚴格規定。

在義大利，專門售賣披薩的店叫 Pizzeria。根據統計，在全義大利大約有二萬多間的披薩店，在當地披薩店之普及程度，大概就跟台灣的便利商店小 7 Seven-eleven 一樣吧。

· 披薩的起源與普及

然而，披薩起源如何？已經存在多久了？

西元前 1 世紀的古羅馬詩人維吉爾在《埃涅阿斯紀》第七卷中，曾寫到類似於披薩的食品，稱之為麵餅，場景就發生在義大利。這是歷史文獻中最早有關披薩的記載。

在現存的龐貝遺址中，考古學家也發現了類似現今披薩店的房址。但不同的是，現在拿坡里披薩中，所加入的兩種很重要的原料，番茄和莫札瑞拉起司，在當時根本還沒有傳到義大利和地中海地區。所以，我們可以這樣推斷：在當時，有披薩這樣的類似食物，但所加入披薩中的食材，和我們現在吃的披薩，大不相同。

歐洲歷史學家也曾對於披薩在過去，是否為社會各個階層的普遍食物，進行研究與討論。有一方認為，從 18 世紀開始，社會所有階層就開始食用披薩；另外一方則認為，披薩是一般市井小民才吃的食物，

直到後期才被中高社會階層的人所接受。兩方學者爭論不休，至今依
然沒有定論。

・ 瑪格麗塔披薩的起源地

然而，可以確定的是，1889 年，國王翁貝托一世 Umberto I 和妻
子瑪格麗塔王后 Queen Margherita ，曾一同造訪那不勒斯，當時他們
想改變，決定入境隨俗，嚐嚐異國料理。隨身伺候的主廚與侍從煩惱
著，到底該給國王和皇后吃什麼。

主廚索性上街去，詢問當地人：「你們平日都吃些什麼食物啊？」

路人回答：「布蘭迪 Brandi 啊，便宜又好吃。」

主廚回去後，稟告瑪格麗塔皇后：「在那不勒斯，大家都吃
Brandi。」

瑪格麗塔也沒多問到底什麼是 Brandi，便嘴饞地拉著丈夫翁貝托
一世一同出門，瞧瞧去。

位於鬧區的布蘭迪披薩店，成立於 1870 年。當披薩師傅拉斐爾．
艾斯波希多 Raffaele Esposito 對於國王與皇后居然大駕光臨，正感到
驚詫不已時，主廚趕緊拉著還沒回過神的披薩師傅說：「就準備你們
店裡最拿手的三樣食物好了。」

艾斯波希多聞言，立刻回廚房為尊貴的兩位嘉賓準備了三款店內
賣得最好的披薩。

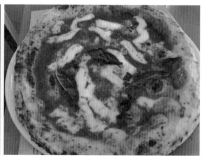

第一款，放有馬背起司 caciocavallo 和羅勒的披薩。

第二款，放有鯷魚的披薩。

第三款，則是加了番茄、莫札瑞拉起司和羅勒的披薩。

瑪格麗塔每種都切一小塊嚐嚐，最後指著第三款披薩，詢問艾斯波希多：「這叫什麼？」

艾斯波多希靈機一動，回答說：「這是店內最有人氣的瑪格麗塔披薩。」

在座的國王和皇后一聽，頓時笑得合不攏嘴。

翁貝托一世龍顏大悅，笑著說：「沒想到我美麗的妻子，這麼受到那不勒斯人的喜愛啊！」

就這樣，這款讓皇后也鍾情的披薩就此誕生。在國王和皇后吃得心滿意足地離去後，皇室主廚，也就是御廚長加利・卡密羅 Galli Camillo ，還親手寫了感謝函，至今仍掛在店內展示。而在該餐廳外頭，店家還掛了一塊寫著本餐廳是瑪格麗塔披薩的起源地字樣的牌子。

　　這款令皇后瑪格麗塔心儀不已的披薩，因此在那不勒斯掀起一陣旋風，市民們紛紛跑到布蘭迪披薩店來朝聖。當時，甚至有些義大利人說：「瑪格麗塔披薩所使用的主材料是番茄、起司、羅勒，這三種食材的顏色分別是紅、白、綠，不正和義大利的國旗顏色一樣嗎？」所以，這群富於民族主義意識的義大利人便說：「瑪格麗塔披薩征服了貴族的味蕾！」可見，他們多麼以這款美食為榮。

　　令瑪格麗塔在披薩界有著屹立不搖地位的，還有另外一個原因：披薩原本是一般市井小民所吃的食物，如今可以受到王后的青睞，這產生了一種拉近社會階級距離的象徵意義。原來平民的食物，也可以征服那挑剔貴族的嘴！這也就是瑪格麗塔披薩之所以能風迷整個義大利的原因之一。

　　走在那不勒斯的街上，隨處可見販售披薩的店家，但到底該如何挑選，才是正統拿坡里披薩呢？前面提到的正統拿坡里披薩協會，會給予符合製作披薩標準的店家認證編號，通常店家會把合格編號直接印在招牌上，或是將合格證書掛在店內的牆上，讓消費者可以輕易地辨別和選擇。然而，青菜、蘿蔔各有所好，基本上在這個披薩的一級戰區，通常每家品質和口味都有一定的水準，無論是瑪格麗塔皇后的心頭好布蘭迪或是名店索爾比洛 Sorbillo，抑或者是電影《享受吧！一個人的旅行》中，茱莉亞‧羅勃茲大啖披薩的餐廳，L'Antica Pizzeria Da Michele 都是在地的老店，有機會到那不勒斯旅行的朋友們，別忘了大快朵頤一番唷。

後記

當你闔上這本書時，沒有意外的話，想必會感到飢腸轆轆。

從小到大，我一直擁有貪吃鬼這個封號，至今依然死性不改，可以為了一間餐廳特地飛出國，開車幾百公里，就為了一嚐佳餚；可以為了預約一家餐廳，提早幾個月，發了數十通信件，就怕向隅，訂不到座位；每每知道有新開張的餐廳，總想著朝聖，儘管朋友說價昂而物不美，不值得，我卻非得親自走一趟不可。

媽媽常說，我從小就是個啃著自己的雞腿，眼睛還盯著哥哥盤中排骨的那種孩子。是啊，我愛吃也愛喝。對於吃，我著實執著。對於吃，我總有問不完的問題。當好吃的食物搭配恰好的酒，那油然而生的幸福感，就像戀愛一樣甜蜜……

飲食是一種文化，有它特殊的歷史背景，牽繫著民族、環境、風土、人情等。我期許用淺顯的文字及輕鬆的視角，和大家分享更多關於義大利人的飲食習慣及地方佳餚，也希望從小到大療癒我的食物，也可以療癒你們。

僅將此書獻給我最親愛的母親，她有著一雙巧手，絕佳的廚藝，開啟了我對美食的這條不歸路。

也獻給一位不具名的好友，在書寫此書的這些日子以來，是我靈魂的伴侶與心靈上的重要支柱，更是我最佳的酒肉至友，願此生他能長伴我左右。

國家圖書館出版品預行編目 (CIP) 資料

舌尖上的義大利 / Amanda Cho 著 . -- 初版 . -- 臺北市：
致出版 , 2020.10
　　面；　公分
ISBN 978-986-99262-6-3(平裝)

1. 飲食風俗 2. 文化 3. 義大利

　　　538.7845　　　　　　　109014142

舌尖上的義大利

作　　者　Amanda Cho
圖文排版　楊廣榕
封面設計　王嵩賀
出版策劃　致出版
製作銷售　秀威資訊科技股份有限公司
　　　　　114 台北市內湖區瑞光路 76 巷 69 號 2 樓
　　　　　電話：+886-2-2796-3638
　　　　　傳真：+886-2-2796-1377
圖片提供　Amanda Cho、www.shutterstock.com

出版日期　2020 年 10 月
定　　價　420 元

致 出 版　　　　　　　　　向出版者致敬